초고령사회

노년의 품격

이동훈

KNOWLEDGE COMMUNITY 공동체

／ 추천사 ／

정책과 현장을 세밀하게 이어주는 노인에 대한 감성 보고서. 이동훈의 이 책은 정책을 이야기하되 딱딱하지 않고 현장을 묘사하되 생각거리를 던져주는 보기 드문 책이다. 저자가 노인복지관과 시니어클럽에서 오랜 시간을 머물면서 스스로 묻고 답하고 대안을 끊임없이 고민한 흔적들이 책 한 페이지, 한 페이지 고스란히 묻어 있다.

나이 들어가면서 나타나는 다양한 층위의 변화들을 통계치와 사례, 현장의 에피소드로 맛깔나게 버무리는 실력은 저자의 요리 실력을 닮았다.

무엇보다 나이 들어간다는 것 자체가 비난받을 일도 칭찬받을 일도 아니며, 사회적 역할을 통해 깨어 있는 시민으로 사는 것이 노년의 품격이라고 말하는 것에 박수치고 싶다. 그런 세상을 만들기 위해 우리는 무엇을 해야 하는가? 책에서 그 답을 함께 찾아보자.

유동철(동의대학교 사회복지학과 교수)

/ 목 차 /

1

우리 사회에서 노인이란?

1

우리 사회에서 노인이란?

사람은 태어나 청년기와 중년기에 치열한 삶을 살다가 마지막 노년기를 보내면서 인생을 마무리하게 된다. 노년기는 생애주기의 마지막 단계인 만큼 개인 및 사회적으로 살아온 삶에 대한 보상으로 더 즐겁고 안락하고 편안하고 행복한 시간이 보장되어야 한다. 하지만 지금 우리 사회는 노년기가 더 힘들고 팍팍하고 외롭고 서러운 시간들로 변질된 시대가 되어 가고 있다.

의료기술의 발전과 개인위생 관리, 환경 수준 개선, 건강 관리 등을 통해 평균 수명 100세 시대가 도래하였지만, 장수(長壽)한다는 것이 모두에게 축복만이 아니라 누구에게는 오히려 더 힘든 시간을 버텨야만 하는 고난의 연장선일 수도 있다.

노인의 사전적 의미는 '나이가 많이 들어 늙은 사람'을 의미한다.

노인에 대한 개념적 정의는 노화의 복합적인 측면이 고려되어야 하므로 개인 또는 개인의 내적인 자각에 있어서 각각의 측면이 다르게 나타난다. 그래서 노인이 되는 시기, 즉 노령선은 개인적으로 느끼는 시기에 따라 차이가 있을 수 있다. 하지만 이러한 규정을 객관화시키기에는 다소 어려움이 있기 때문에 일반적으로 현재 양적 측정이 가능한 65세 이상의 사람을 노인으로 규정하고 있다.

우리나라는 경제적 성장 및 의료 수준 등의 발달로 인해 평균 수명이 증가하면서 노인 인구가 폭발적으로 증가하였다.

통계청 자료에 의하면 우리나라 평균 수명은 1970년 기준 남자 58.7세, 여자 65.8세, 평균 62.3세에서, 2022년 기준 남자 79.9세, 여자 85.6세, 평균 82.7세로, 남자는 21.2년, 여자는 19.8년, 평균 20.5년이 증가한 것으로 나타났다.

우리나라 2023년 기준 총인구 5,132만 5,329명 중 노인 인구는 973만 411명으로 전체 인구의 18.96%를 차지한다.

전체 인구 중 노인 인구가 7%를 차지할 때 고령화사회, 14%일 때 고령사회, 20%일 때를 초고령사회라 한다. 우리나라는 2000년에 고령화사회, 2017년부터 고령사회에 진입하였고, 2025년 초고령사회에 진입할 것으로 예상되고 있다.

노인은 신체적, 정신적, 사회적, 경제적 측면에서 다양한 변화가 발생하면서 일상생활에 어려움을 겪게 되기 때문에 고령화사회부터는 노인 문제에 대한 다양한 사회정책 수립과 지원이 이루어져야 한다.

미국이나 유럽은 고령화사회에서 초고령사회로 진입하는 데 100~150년 정도 소요되면서 노인문제에 대해 사회적으로 대비할 충분한 시간이 있었다. 이에 비해 전 세계적으로 초고령사회로 가장 빠르게 진입하였다는 일본이 50년 정도 걸렸지만, 우리나라는 너무 빠른 속도로 25년 만에 초고령사회로 진입할 것으로 예상됨에 따라 사회적 대비를 제대로 할 수 없어 심각한 노인문제가 많이 발생하고 있다.

우리나라 건강수명은 2022년 기준 남자 65.1세, 여자 66.6세, 평균 65.8세로 평균 수명과는 16.9세 차이가 나타났다.

한번 태어난 인생 모두가 오래도록 사는 것을 희망하지만 단순히 오래 사는 것이 아니라 건강하고 행복하게 주도적인 삶을 살아야 한다. 하지만 지금 우리의 현실은 생명만 연장되었을 뿐 개인 및 사회적으로 노후에 대한 준비를 못한 만큼 노년의 삶은 그야말로 각자도사(各者圖死)일 만큼 불행한 삶을 살아가는 노인들이 많아지고 있다.

노인 세대들이 살아온 환경을 보면, 대한민국 정부 수립 후 이승만 정권의 무능과 부패를 무너뜨리는 4·19 혁명을 통해 장면 민주 정부를 수립하였지만 이를 지키지 못한 채 5·16 쿠데타로 군사 독재 정권 시대가 들어섰다.

그러나 군사 독재 정권하에서 본격적인 산업화 시대를 맞이함으로써 눈부신 경제 발전을 이루어 낸 현재 노인 세대들은 아직도 과거의 영광을 잊지 못한 채 그 시절에 대한 무조건적인 찬양으로 젊은 세대들과 마찰을 빚기도 한다.

현재 노인 세대가 된 우리나라 제1차 베이비부머 세대는 우리나라 경제 발전 과정에서 주역을 담당했던 사람들로, 그들이 살아온 환경은 대학교만 졸업하면 안정된 직장이 넘치는 시대였다.

이들은 1987년 민주화 운동을 통해 정치적으로 대통령 직선제를 이루어 내어 국민의 정치적 권리와 참여를 보장하고, 권력의 불법과 남용을 방지하였다. 또한 사회적으로 노동조합 활성화로 노동자의 권리와 처우를 개선하고 다양한 사회운동과 시민단체 조직으로 우리 사회의 인권, 환경, 평화, 성평등, 복지 등 다양한 사회 문제에 관심을 가지고 발전시키는 계기를 마련하였다.

하지만 1997년 IMF 외환위기를 맞이하여 대규모 민영화, 정리해고 등으로 실업률이 급증하고 노동유연화 정책으로 인한 비정규직, 파견근무, 외주화 등으로 노동조건이 악화되면서 사회적 양극화 현상이 초래되었다.

이처럼 우리 사회의 경제와 민주주의를 발전시킨 장본인이 노인 세대지만, 우리 사회가 더 공정하고 공평하고 정의롭게 지속적으로 운영될 수 있도록 지키지 못한 책임도 노인 세대에게 있다.

그 결과 현재 젊은 세대는 아무리 고퀄리티 스펙을 쌓아도 취업하기 힘든 치열한 경쟁의 시대를 살아가고 있다.

젊은 세대들은 이런 사회를 만든 책임이 기성세대에게 있다고 보고 공정에 대한 사회적 화두를 던지고 있다.

노인은 단순히 나이가 많아 우대를 받는 것이 아니라 그에 합당한 행동과 역할을 통해 사회적 어른으로서 존경을 받을 수 있는 품성과 인격인 품격을 잘 유지해야 존경을 받을 수 있다.

아프리카 속담 중 "노인 한 사람이 죽으면 도서관 하나가 사라지는 것과 같다"라는 말이 있듯이 농경사회에서는 씨 뿌리고 약치고 땅을 기경하는 등의 농사법에 대한 지식을 전수하고 서로 간의 분쟁과 다툼이 발생할 경우 문제해결을 중재하는 등 노인은 삶에 대한 혜안과 지혜를 가진 어른으로 대우와 존중을 받았다. 하지만 지금은 정보화 및 AI 시대를 맞이하여 모든 지식과 정보를 손쉽게 접할 수 있고 어제의 지식이 오늘이 되면 무용지물이 될 정도로 빠르게 변하는 시대를 살아가고 있는 만큼 노인의 위상이 많이 달라지고 있다.

지금 우리 사회는 세대 차이로 인해 나타나는 삶의 방식, 태도, 문화차이 등의 사회적 갈등으로 노인을 '꼰대'라고 표현하면서 차별하고 학대하는 일들이 많이 발생하고 있다.

'꼰대'라는 말은 노인, 기성세대나 선생을 뜻하는 은어이자 멸칭(蔑稱)으로, 점차 원래의 의미에서 확장, 변형되어 연령대와는 상관없이 권위주의적인 사고방식을 가진 상급자 또는 연장자를 비하하는 용어이다.

'꼰대'의 어원은 주름이 많다는 의미에서 '번데기'의 경상도 방언인 '꼰데기', 전라도 방언인 '꼰디기'에서 유래되었다는 설과, 나이 든 세대의 상징인 '곰방대'가 축약되어 생겨났다는 설이 있다.

이처럼 우리 사회가 노인을 꼰대라고 취급하는 만큼 노인 스스로가 꾸준한 자기 계발과 사회 참여 등을 통해 어른으로서 갖추어야 할 품성과 인격인 노인의 품격을 잘 지켜 나가야 할 것이다.

다시 말해 자본을 우선시하여 정리해고와 명예퇴직을 강요하고 공동체적 유대와 연대를 와해시키는 우리 사회의 경쟁주의와 이기주의를 만연하게 만든 잘못된 자본주의에 대해 질책하고, 내 가족만이 아닌 이웃 모두가 행복한 삶을 살아갈 수 있는 공정하고 정의로운 사회가 될 수 있도록 지도해야 할 것이다.

평생 다양한 학습과 사회 참여 등을 통해 습득된 민주시민 의식을 바탕으로 우리 사회가 나갈 방향을 제대로 알려주는 것이 노인의 품격이자 어른의 모습이다.

2

대한민국 노인의 현주소

2

대한민국 노인의 현주소

우리나라는 2025년이 되면 인구 5,000만 명 중 노인 인구가 1,000만 명 시대에 접어들며, 제1차 베이비부머 세대가 노인 인구로 편입되면서 우리가 가지고 있던 기존의 노인에 대한 사회적 인식도 변화가 필요할 때이다.

하지만 노인의 개인적인 변화에도 불구하고 우리나라 노인의 삶이 결코 녹록지 않다는 것이 통계적으로 많이 나타나고 있다.

먼저 노인이 되면 전반적으로 생활 만족도가 떨어지기 시작한다.

2020년 노인실태조사에 의하면 노인 생활 만족도에서 전반적인 삶에 대해 49.6%가 만족하는 것으로 나타났고, 세부적으로 보면 경제상태는 37.4%, 여가・문화 활동은 42.6%, 건강상태는 50.5%가 만족하는 것으로 나타났다.

2020년 노인실태조사 결과를 보면 2017년 조사 결과보다 생활 만족도가 전반적으로 약간 향상된 것으로 나타났다. 이는 베이비부머 세대가 노인 인구로 편입되면서 기존의 노인들과 다르다는 것을 보여주는 결과이다.

노인을 바라보는 사회적 시선도 부정적이다. 2018년 국가인권위원회의 노인인권종합보고서에 따르면 청년층의 80%가 노인에 대한 부정적인 감정을 가지고 있는 것으로 나타났다.

영화 <은교>의 대사 중 '너희 젊음이 너희 노력으로 얻은 상이 아니듯이 내 늙음도 내 잘못으로 받은 벌이 아니다'라는 말은 현재를 살아가는 노인들이 우리에게 하고 싶은 말이 아닐까 생각된다.

늙어가는 것은 인간의 자연스러운 노화의 과정일 뿐 그 이상도 그 이하도 아님에도 불구하고 우리 사회는 늙었다는 이유 하나만으로 너무나 많은 것을 포기하고 살아가도록 만든다.

현재 70대 이후 노인 세대는 당신들이 이렇게까지 오래 살 것이라고 생각지도 못하였고, 설사 알았다고 하더라도 노후에 대한 준비를 할 수 있는 여력이 없었던 시대를 살아왔다.

이 노인 세대는 어릴 적 가난을 몸소 체험하고 산업화 전선에서 몸이 부서지도록 헌신하면서 자식들을 공부시키고 그나마 집 한 채 겨우 장만한 세대로, 자식의 성공이 당신 인생의 성공이라고 믿었다.

이들이 생각한 노후생활 모델은 본인들이 자신의 부모님에게 해왔듯이 노후가 되면 짧은 기간 동안 자식들의 봉양을 받으면서 삶을 마무리하는 것이었다. 하지만 지금은 수명연장 등으로 노후생활이 길어진 데 대한 준비를 하지 못해 사회적으로 잉여 인간이라는 대접을 받고 쓸모없는 존재로까지 인식되면서 많은 모멸감을 느끼며 살아가고 있다.

이런 모멸감을 느끼게 하는 노인의 대표적인 문제로는 빈곤, 외로움, 차별, 건강, 사랑, 죽음 등이 있다.

1) 노인의 빈곤

우리나라는 1997년 외환위기 직전 중산층 비율이 74.1%였지만 2022년에는 60%로 감소하였다. 상대적 빈곤 계층은 8.12%에서 2022년 기준 14.9%로 증가하여 중산층 상당수가 저소득층으로 추락하면서 우리나라 소득 양극화는 극에 달해 있다.

빵 100개 중 상위 10명이 48개를 먹고, 나머지 빵 52개를 90명이 치열한 경쟁으로 획득해야 하기에 상대적 빈곤감을 많이 느끼고 있다.

매년 OECD 국가를 대상으로 발표되는 노인의 빈곤율에서 우리나라는 최하위를 면치 못하고 있다.

2020년 기준으로 한국의 66세 이상 노인 인구의 소득 빈곤율은 40.4%로, OECD 회원국 평균 14.2%보다 3배 가까이 높았다. 소득 빈곤율은 평균 소득이 빈곤 기준선인 '중위가구 가처분소득의 50% 미만'인 인구의 비율이다. OECD 가입국 중 노인의 소득 빈곤율이 40%대에 달할 정도로 높은 국가는 한국밖에 없다.

2022년 세계 행복지수 보고서에 의하면, 2019~2021년 3년간 평균 우리나라 행복지수는 146개국 중 59위였으며, OECD 38개 회원국으로 한정하면 최하위권이다.

지난 2015년 KBS 취재파일K '노년 오백원 받으러 삼만리' 편, 2018년 JTBC뉴스 '새벽차 타고 500원 순례길' 편 등 많은 매체에서 방영된 노인의 생활 실태는 너무나 안타까운 현실을 보여준다.

많은 노인이 따뜻한 한 끼 식사를 제공해 주는 곳과 밥값 지원 명목으로 500원에서 1,000원을 나누어 주는 종교시설을 하루 종일 찾아 다닌다. 이를 일명 '짤짤이 순례'라고 한다. 순례는 종교상의 여러 성지나 의미가 있는 곳을 찾아다니며 참배하는 것을 의미하는데, 노인들이 한 끼 식사와 500원 동전을 받기 위해 매일 다닌다고 하여 명명된 것이다.

어떤 노인은 각 기관별로 식사를 제공하는 날짜와 시간 등의 스케줄을 꼼꼼히 작성한 메모를 보고 찾아 다니면서 하루하루를 버티고 있다.

이렇게 받아 모은 돈으로 공과금도 내고 식재료를 구입하면서 고통스러운 노후의 삶을 이어가고 있다. 오늘도 하루를 살아가기 위해서 '짤짤이 순례길'을 다닐 수밖에 없는 것이 노인의 현실이다.

이런 경제적 빈곤 문제 해결을 위해 노인이 가장 많이 선택하는 활동 중 하나가 폐지를 줍는 것이다. 하지만 폐지 가격의 변동이 심하여 하루 종일 주워도 금액이 얼마 되지 않고 교통사고 등 다양한 위험에 노출되어 있다.

서울지방경찰청에 따르면 2015년부터 2017년 3년간 폐지 수집을 하다 교통사고로 사망한 노인은 서울에서

만 21명인 것으로 나타났다.

비나 눈이 내려도 방수용품과 방한용품을 제대로 챙겨 입지 않는 등 기상 변화에 제대로 대처하지 않고 활동을 하다 보니 건강에도 악영향을 미친다. 또한 노인들 간에 암암리에 정해져 있는 폐지를 줍는 구역을 서로 지키지 않아 마찰이 발생하고 폭행 등으로까지 이어지기도 한다. 이런 문제가 지속적으로 발생하다 보니 보건복지부에서도 지난 2023년 12월 29일 전국적으로 폐지 줍는 노인에 대한 실태조사 결과를 발표하였다.

조사 결과 폐지 수집 노인 수는 약 4만 2,000명으로 추계하고 이들의 평균 연령은 76세, 시간당 수입은 1,226원에 불과한 것으로 파악되었다.

폐지 수집 노인의 하루 근무 시간은 5.4시간으로, 일주일에 평균 6일을 활동하고 평균 월 소득은 15.9만 원으로 나타났다.

활동에 비해 소득이 낮고 위험에 노출되어도 계속적으로 폐지를 줍는 이유는 '생계비 마련'이 54.8%, '용돈이 필요해서'가 29.3%로 조사되었다. 이는 적은 금액이지만 노후생활을 유지하기 위한 어쩔 수 없는 선택인 것이다.

대부분 노인이 경제적 문제로 인해 정년퇴직 후에도 지속적인 경제 활동을 할 수밖에 없는 현실이라 우리나라 노인 고용률은 매우 높다.

2022년 기준 OECD 국가 평균 65~69세 고용률은 24.7%였지만 한국은 50.4%로 나타났다. 이는 일본 50.9% 다음으로 두 번째로 높다.

하지만 노인들이 일할 수 있는 일자리는 대부분 열악한 환경에 있는 임시직 및 계약직인 경비, 수위, 청소, 운송, 건설 등의 분야로 고용의 질이 매우 낮은 저임금의 노동시장뿐이다.

노인의 노동 환경 실태는 노인 당사자인 63세 조정진님이 노동현장에서 직접 체험하여 쓰신 책 『임계장 이야기』에 적나라하게 나와 있다. 여기서 '임계장'은 직책의 계장이 아니라 '임'시 '계'약직 노인'장'을 부르는 호칭이다.

조정진 님은 공기업에서 정년퇴직 후 버스 회사 배차 업무, 아파트 경비원, 빌딩 주차관리 및 경비원, 버스터미널 보안요원 등의 임계장으로 근무하면서 온갖 갑질에 시달렸다. 근무 환경도 하나같이 쓰레기 더미와 잡균, 배기가스와 먼지가 가득했고 혹독한 추위와 더위에 노출되어 힘들었다고 한다.

정부에서도 급박하게 도래하는 초고령사회의 노인 빈곤 문제를 심각한 사회 문제로 인식하고 사회보장 제도로서 기초노령연금을 인상하고 노인 일자리 사업을 확대하는 등 다양한 대책을 마련하고 있다.

기초노령연금은 노무현 참여정부에서 처음 제정되어 월 9만 원 정도 지급되었으며, 2024년 기준 소득 하위 70% 이하인(월 소득인정액 단독가구 213만 원 이하, 부부가구 340만 8천 원 이하) 노인에게 월 최대 334,810원까지 지급된다. 하지만 부부 모두 기초노령연금 대상자이면 20% 감액된 267,850원이 지급된다.

노인 일자리 사업은 소득 보충과 사회 참여의 두 가지 맥락에서 2004년 정부 주도로 본격적으로 시작되었다.

2023년 7월 제3차 노인 일자리 및 사회활동 지원 종합계획(2023~2027)에서는 초고령사회와 신노년 세대 등의 다양한 일자리 수요에 대응하기 위한 방향으로 정책을 추진한다고 발표했다.

2023년 노인 일자리 참여인원은 88만 3천 명인데 2027년까지는 노인 인구의 10% 수준인 약 120만 명까지 확대할 예정이고, 역량이 높은 신노년 세대의 수요에 맞춰 사회서비스형과 민간형 일자리를 전체 노인 일자리의 40% 이상으로 확충한다는 내용을 담고 있다.

2024년에는 공공형, 사회서비스형, 민간형 노인 일자리 사업으로 103만 개의 일자리를 실시하고 있다. 2023년 대비 4만 7천 자리가 증가하였고 예산은 총 2조 262억 원으로 2023년 대비 4,862억 원이 증액되었다.

이처럼 해마다 노인 일자리가 증가하는 이유는 노인 빈곤 문제에 적극적으로 대응하기 위한 것이다.

하지만 사회 정책으로 실시되고 있는 기초노령연금이나 노인 일자리 사업을 통한 경제적 지원은 아직까지 노인 빈곤 문제를 해결하는 데 미비한 수준에 불과하다.

그럼에도 노인 일자리 사업은 노인 문제로 발생하는 사회적 비용을 절감한다는 연구 결과가 나타났다.

혼자 집에서 매일 무료하게 시간을 보내다 보면 우울해지거나 운동 부족으로 의료비 등의 사회적 비용이 발생하지만 노인 일자리 사업 참여로 다양한 사람과 유대관계를 형성하면서 정서적·심리적 안정감을 취할 수 있고 개인위생 개선과 규칙적인 활동으로 건강증진에 많은 도움이 된다.

2017년 한국노인인력개발원 자료에 의하면 노인의 사회 참여를 통해 사회적 비용인 의료비가 연간 90억원 절감되었고, 개인적으로는 우울감이 3.19점 감소, 자아존중감은 0.22점 증가, 삶의 만족도는 0.37점 증가한 것으로 나타났다.

2021년 65세 이상 노인의 건강보험 진료비는 40조 6,129억 원으로 전체 진료비 중 43.4%를 차지하고 있는 만큼 앞으로도 다양한 노인 활동 모델의 정책이 더 필요하다.

이에 현재 진행되고 있는 노인 일자리 사업에 참여하는 노인 현황에 대하여 좀 더 구체적으로 알아볼 필요가 있다.

먼저 노인 일자리 사업 참여자 모집은 공개적인 절차를 거쳐 이루어진다. 해당연도 모집 홍보는 전년도 12월부터 시작되어 서류 접수와 면접 등을 통해 해당연도 1월에 최종 선발 통지하게 된다.

면접을 보는 가장 주된 이유는 본 사업에 참여할 수 있는 건강상태인지 의사소통은 제대로 이루어지는지, 해당 사업단의 업무를 원활하게 수행할 능력이 있는지 등을 확인하기 위한 것이다.

노인들도 면접이 중요하다는 것을 알고 있기에 되도록 자신이 건강하다는 것을 보여주기 위해 평소 사용하는 보행 보조기인 지팡이를 숨기고 면접장에 들어온다. 이 때문에 면접장 밖에 지팡이 보관소가 일시적으로 만들어지기도 한다.

노인 일자리 사업 중 가장 많이 참여하고 있는 공익형 노인 일자리 사업선정 최우선 기준은 경제적 수준이다. 기초노령연금 수령자만이 지원할 수 있으며 면접을 통해 적격자로 판정된 자 중 자산조회를 통해 선발 순위가 최종 결정된다.

최종 결정 통보를 한 다음에는 사무실에 한바탕 폭풍우가 지나간다.

노인 일자리 사업에 탈락한 일부 노인이 사무실로 찾아와 입에 담기도 민망한 심한 욕설을 손주뻘 되는 담당자에게 쏟아붓는다. 담당자가 탈락한 사유를 조목조목 설명해도 수용하지 않고 흥분한 채 최고 책임자를 소환한다.

최고 책임자가 나와 방으로 안내하고 차 한잔 대접하면서 흥분을 좀 진정시키면 노인은 작전을 바꾸어 읍소하기 시작한다. “아니 나보다 더 잘 사는 사람들은 다

되는데 왜 나만 탈락했는지 도저히 납득이 되지 않는다. 정말 나는 이 일에 참여하지 못하면 굶어 죽는다. 사람 좀 살려 달라"고 절박한 심정을 표현한다.

하지만 노인 일자리 공익형 사업 참여자는 소득 수준에 따라 전산으로 자동 선정되기 때문에 최고 관리자와 면담해도 소용이 없다. 그러면 당신들이 연락할 수 있는 인맥을 총동원하여 지역 구의원, 시의원, 구청장에게 진정을 넣는다.

지역 구의원, 시의원, 구청장은 선출직이기에 이런 민원을 외면하지 못하고 해당 기관으로 확인 및 부탁 전화를 한다. 이런 전화를 받으면 지방자치단체로부터 수탁을 받는 기관 입장에서 굉장히 부담을 느낄 수밖에 없지만 결과는 마찬가지이다.

노인은 경험적으로 행정에 대한 공정, 상식, 정직의 시대보다 불공정, 협작, 복종 등 불신의 시대를 살아온 만큼 결과에 대해 인정하지 않고 잘못된 관행을 답습하고자 한다. 이런 모습이 젊은 세대로부터 존경받지 못하고 꼰대라는 소리를 듣게 만드는 것이다.

남이 안 되는 것은 되고 내가 안 되는 것은 절대 있을 수 없다는 식의 이기적인 생각 때문에 노인 세대는 결과에 대해 인정이나 승복하지 못하는 경우가 많다.

젊은 세대는 오히려 남에 대한 인정이나 승복을 기꺼이 수용하는 편이다.

청소년이 참여하는 경연대회에서는 자신들보다 잘하는 팀이 있으면 응원하고 격려하고 축하해 주는 등 결과에 연연하지 않고 그 행사 자체를 즐긴다. 그러나 노인들이 참여하는 다양한 오디션이나 경연대회에서는 최종 결과에서 다른 팀이 좋은 결과가 나오면 후폭풍이 만만치 않다.

모든 팀들이 다 열심히 했고 최선을 다한 것은 알지만, 전문심사위원의 공정한 심사 결과를 인정하지 않고 심한 항의로 대회 취지를 무색하게 만드는 경우가 많이 있다. 그래서 심사 결과를 심사위원 이석(移席) 후 발표하는 경우도 발생한다.

노인 세대가 대회 자체를 즐기면서 참여한 동년배와 친목을 다지고 교류하는 것이 아니라 순위에만 집착하는 것은 그동안 산업화 사회에서 살아남기 위해 오로지 경쟁에 몰두할 수밖에 없었던 환경에 익숙한 탓은 아닌가 생각된다.

다음으로 각 지역별 노인 일자리 배정 인원은 어떻게 확정되는지 알아보자.

노인 일자리 참여자 배정 인원은 각 시·군·구에서 매년 사전 수요 조사 결과를 토대로 배정되는 것이 아니라 정치적 판단에 따른 국가 예산 배정에 따라 결정된다.

지역별로 노인의 연령, 건강상태, 교육 수준 등에 따라 노인 일자리 사업에 참여 가능한 노인 인구와 노인 일자리 사업 주요 근무처인 어린이집, 유치원, 학교, 도서관, 기타 공공기관 등이 지역별로 상이하게 운영되고 있기에 현장에서는 필요한 인원들을 사전 조사를 통해 신청한다. 하지만 국가 예산 배정에 따라 결정된 노인 일자리 총량에서 각 시·군·구 노인 인구수에 비례하여 일괄적으로 분배한다.

이에 수요와 공급이 맞지 않아 지역에 따라서는 요청한 인원보다 과다 인원을 배정받거나 이와 반대로 요청한 인원보다 적게 배정되는 경우가 발생한다. 이로 인해 업무의 효율성이 떨어지고 민원 발생의 원인이 되기도 하는 등 현장에서는 많은 혼란이 일어나고 있다.

또한 노인 일자리 사업 유형에 따른 임금의 편차가 심하여 노인 일자리 사업의 당초 취지인 노인의 빈곤 문제 완화와 사회활동 지원으로 건강한 노후생활을 지원하는 고유 목적에 부합하지 못하고 있다.

노인 일자리 사업인 공익형과 사회서비스형의 경우 일부 사업을 제외하고 업무적으로 특별한 차이는 없지만 임금 차이가 월 470,000원이나 된다.

이로 인해 참여 노인들 간의 형평성 문제가 발생하고 있는 만큼 향후 노인 일자리 사업 설계 시 유형별로 근무 조건과 근무 시간 등의 편차가 많이 발생하지 않도록 노력해야 할 것이다. 대부분 경제적 지원이 필요해서 참여하고 있는 공익형 노인 일자리 사업에 대해 활동 시간 등을 연장하여 월 50만 원 수준으로 향상하여 사회서비스형과의 형평성을 맞출 필요가 있다.

보다 더 구체적으로 노인 일자리 사업을 유형별로 살펴보도록 하겠다.

공익형 노인 일자리 사업은 노인들이 가장 많이 참여하는 유형이다. 근무 조건과 임금 현황은 월 30시간 이상, 일 3시간 이내, 11개월 근무하면 월 270,000원이 지급되었지만 2024년부터는 20,000원 인상되어 월 290,000원이 지급된다.

사회서비스형 노인 일자리 사업은 모든 노인이 가장 선망하는 유형이다. 근무 조건과 임금 현황은 월 60시간 이상 주 15시간 이내, 10개월 근무하면 월 최대 712,000원이 지급되었지만 2024년부터는 48,000원 인상된 월 최대 760,000원이 지급된다. 이 사업의 가장 매력적인 부분은 근로자 자격이 취득됨에 따라 4대 보험에도 가입된다는 것이다. 이로 인해 퇴직한 젊은 노인도 많이 참여하고 있다.

노인 당사자 입장에서는 개인별 건강상태, 업무시간, 업무능력, 업무강도 등은 고려하지 않고 사회서비스형 노인 일자리 사업만을 고집하는 경향이 있어 다른 노인 일자리 사업에는 참여하지 않고 하염없이 대기 상태로 있는 경우도 많다.

노인 일자리 사업인 공익형과 사회서비스형은 활동하는 장소가 많이 다르다.

공익형 노인 일자리 사업은 대부분 거리 환경 정비, 교통 지도 등의 야외 활동이 많다 보니 시민들의 민원도 많이 발생하고 있다.

주된 민원의 사유는 노인들이 활동장소에서 삼삼오오 앉아서 이야기 나누고 불성실하게 근무하고 있다는 것이다. 하지만 이는 노인 일자리 사업을 바라보는 관점과 인식의 차이라고 생각한다.

노인 일자리 사업으로 운영되는 공익형 사업의 정확한 명칭은 '노인 사회활동 지원 사업'이다. 이는 노인 일자리로서 하는 사업이 아니라 노인이 사회활동을 할 수 있도록 지원해 주는 사업이기에 노인들이 활동장소에서 이야기를 나누고 쉬면서 하는 모든 부차적인 활동도 포함되어 있다.

하지만 공익형 사업의 정확한 명칭인 노인 사회활동 지원 사업이라고 홍보하기보다는 노인 일자리 사업이라고 일반화하여 시민들의 오해가 발생하여 이해보다 업무 태만, 세금 낭비 등의 노인 차별성 발언 등으로 이어지고 있어 안타깝다. 노인들도 보다 적극적인 모습으로 활동할 수 있도록 스스로 변화하면 좋을 것 같다.

사회서비스형 노인 일자리 사업은 야외보다는 유치원, 도서관, 공공기관 등에서 민원 안내, 업무지원 활동을 많이 한다. 그래서 노인 일자리 신청자 중 교육 수준이 높고 건강 상태가 양호하며 경제적으로도 안정적인 노인이 많이 선발되는 만큼 참여 동기가 경제적 지원보다는 보람된 노후생활을 영위하기 위한 것으로 나타난다.

시장형 노인 일자리 사업은 각 사업단별로 근로조건이나 환경이 다르지만 당해연도 최저임금 이상을 적용하여 지급한다.

시장형 노인 일자리 사업은 다양한 사업 아이템을 기반으로 사업체를 운영하는 것이다. 평균 70대 이상 노인이 자영업 시장에서 사업체를 운영하여 이익을 최대한 창출해야 하므로 사업체를 담당하는 사회복지사의 고충이 크다.

우리나라 자영업자는 2020년 기준 657만 명(무급 가족 종사자 포함)으로 전체 취업자의 24.4%를 차지한다. 취업자 4명 중 1명은 자영업자인 셈이다. 이는 OECD 국가 평균보다 2배나 높은 수치이며, 이 중에서 90%는 4인 미만 영세업자이며, 자영업자의 42.5%가 하루 10시간 이상 근무하는 것으로 나타났다.

자영업 시장의 경쟁은 상상을 초월할 정도로 심각하다. 시장형 노인 일자리 사업으로 창업을 많이 하는 카페 시장은 자영업 시장 중에서도 가장 치열한 곳이다.

현재 우리나라 카페는 편의점과 치킨집을 합친 것보다 더 많이 운영되고 있다. 한국인의 연간 커피 소비량은 1인당 367잔이고, 커피 시장 규모는 8조 원을 돌파하고 있다. 하지만 3년 안에 폐업할 확률이 무려 52.6%가 된다고 한다.

편의점 시장 경쟁도 만만치 않다. 편의점 천국이라는 일본의 경우 2021년 기준 5만 6,232개 점포가 있는데, 일본 인구의 절반도 안 되는 우리나라도 일본과 거의 비슷한 5만 4,200여 개 점포가 있다. 인구 대비 편의점 개수를 환산하면 우리나라 편의점 수가 매우 많다는 것을 알 수 있다.

이런 무한 경쟁시장에서 노인들이 창업 형태의 시장형 노인 일자리 사업으로 카페, 식당, 도시락 사업 등을 많이 운영하고 있다.

카페를 운영할 때 가장 힘든 것이 직장인들이 몰려드는 피크타임이다. 이 피크타임에 최대한 신속 정확하게 음료를 주문받고 빠르게 제조해야 하므로 숙련된 젊은 이들도 많이 힘들어한다.

노인의 경우 평소 주문도 잘 받고 레시피에 따라 음료도 잘 만들다가도 피크타임에 손님이 몰리게 되면 긴장을 하여 실수를 연발하기도 한다.

점심 시간에 직장인들이 함께 와서 각자 먹고 싶은 음료를 주문하는데 주문을 받던 참여 노인이 잠시 망설이다가 폭탄 발언을 한다.

"아이고 이를 어쩌나? 손님 미안하지만 주문한 음료 레시피가 하나도 기억이 안 나는데 이거저거 주문하지 말고 아이스 아메리카노로 통일하면 안 될까?"

주문한 손님도 당황하여 "예? 음, 아…"를 연발하다가 "다들 어떻게 할까요?"라고 동료들에게 물어보면 동료들도 할 수 없다는 듯이 "그냥 그렇게 하죠"라며 넘어간다.

어르신들이 운영하는 매장이다 보니 손님이 양해를 하고 넘어갔지만 그 손님들은 그날 이후로 카페에 다시 오지 않았다.

손님의 입장에서는 점심 식사 후 본인 취향에 따라 디저트로 마시는 음료 하나가 직장생활에서 누릴 수 있는 소소한 즐거움인데 아무리 의미가 좋은 사업장이라고 하더라도 그 소소한 행복을 망칠 수는 없는 입장이다.

카페 영업 이익의 대부분은 점심 시간에 의해 좌우되는데 이런 실수로 그나마 찾아오던 손님의 발길이 끊어지면 카페 운영이 어려워질 수밖에 없다.

또 음식 손맛이 좋은 노인들은 음식 관련 업종으로 식당 및 도시락 가게도 많이 운영하고 있지만, 가장 힘든 것은 가격 경쟁에 따른 마진율이다.

기존 업체들과 가격 경쟁을 하기 위해서는 재래시장에서 발품을 팔아 신선하고 질 좋은 식재료를 저렴하게 구매하는 것이 가장 중요하다.

하지만 노인 일자리 사업은 보건복지부에서 보조금을 지원받아 운영되는 사업이라, 예산을 사용하는 데 있어 정부의 회계관리지침에 따라 구매 가격이 5천만 원 이상일 경우 경쟁 입찰을 해야 한다.

경쟁 입찰을 통해 낙찰되는 업체가 복불복이다 보니 재료의 차이가 많이 날 수밖에 없다. 업체의 입장에서도 입찰받은 계약기간 종료 후 재선정된다는 보장이 없기에 굳이 기관의 요구를 들어줄 필요가 없는 상황이다. 이 때문에 업체에 따라 야채, 고기 등의 신선식품들의 품질 문제가 발생하기도 하고, 긴급하게 발주해야 하는 물품에 대한 수급도 어려우며, 기타 필요한 요구사항도 수용되지 않는 경우가 많다.

신선 제품들은 재래시장 도매상을 통해 직거래하는 것이 가장 저렴하게 좋은 제품을 구매할 수 있고 긴급한 상황에서도 바로 대처가 가능하다. 하지만 현 제도하에서는 재래시장 등을 통해 좋은 재료를 구매하게 되면 지도 점검 시 '기관 주의' 등의 행정적 시정조치를 받기 때문에 닭이 먼저인지 알이 먼저인지 고민이 될 수밖에 없다.

또한 노인들이 직접 조리를 하다 보니 음식을 조리하는 과정에서 담당 영양사나 조리사의 레시피를 무시한 채 지금껏 해 온 익숙한 방식대로 조리를 하거나 음식 맛을 좌우하는 염도와 당도를 계량하지 않고 자신의 입맛에 맞추어 음식을 하다 음식을 망치는 경우도 발생한다.

단체 도시락 주문 시 가장 많이 조리되는 국 메뉴가 시래기국으로, 이 국의 맛을 내는 육수의 베이스는 멸치이다. 멸치의 상태와 조리 방법에 따라 맛의 차이가 날 수밖에 없다. 보통 멸치 비린내를 제거하기 위해 멸치를 불에 볶은 후 사용한다.

그날도 단체 주문이 들어와 담당 영양사가 멸치 비린내를 제거하기 위해 멸치를 한번 볶은 후 사용하고 염도계로 간을 맞추라고 지시를 내렸다.

하지만 그날 참여 노인들이 멸치 상태를 보고 멸치를 볶지 않고 육수를 내도 괜찮다고 생각하고 그냥 육수를 내고, 간도 염도계를 사용하지 않고 자신의 입맛에 맞추어 음식을 완성하였다. 보통 음식이 완성되면 담당 영양사가 확인한 후 납품하는데 그날은 다른 주문 건이 많아 영양사가 미처 확인하지 못한 채 납품하게 되었다.

납품 후 몇 시간 뒤 주문처 담당자에게서 전화가 왔다.

"아니 선생님, 저희들은 노인 일자리 사업기관을 믿고 주문했는데 맛이 왜 이렇습니까? 추운 날에 국이 너무 짜고 비리어 먹을 수가 없어 원성이 말이 아닙니다."

"선생님, 죄송합니다. 제가 마지막에 확인하고 납품해야 하는데 일이 바빠 확인을 못 했습니다. 정말 죄송합니다. 제가 일부 보상이라도 해 드릴 수 있도록 기관에 한번 이야기해 보겠습니다."

"아니 괜찮고요. 다음부터 저희는 거래 안 하면 되지만 또 이런 실수 하지 마시라고 전화한 겁니다."

"네, 정말 죄송합니다. 전화 주셔서 감사하고 앞으로 잘 확인하도록 하겠습니다."

이렇게 전화 통화가 마무리되고 나면 그동안의 노고와 수고가 한순간에 무너지는 것이다. 항상 이런 일이 없도록 하기 위해 노인들에게 주기적인 교육을 통해 관리와 점검을 하고 있지만 노인 스스로의 인식 변화가 필요하다.

시장형 노인 일자리 사업에 대한 지원 금액도 턱없이 부족한 상황이다. 2024년 기준 참가 노인 1인당 정부지원금이 267만 원으로, 10명으로 창업을 하게 되면 총 금액이 2,670만 원밖에 되지 않는다. 이 금액으로는 점포 임대차 계약, 인테리어 공사, 필요 물품 구매 등 도저히 감당할 수 없는 상황이다.

이처럼 시장형 노인 일자리 사업에 참여하는 노인의 전문 기술과 사업 이해에 대한 인식이 부족하고, 이러한 부족한 부분을 지원해 줄 수 있는 전문가를 담당자로 채용하는 것도 어렵다. 또한 치열한 시장 경쟁에서 경쟁력 있는 사업체로 운영할 수 있는 지원체계가 매우 부족하여 안정적으로 보호된 수요처나 시장 없이는 운영에 한계가 있다.

그러므로 시장형 사업은 사회적 기업처럼 취약 계층에게 사회서비스 또는 일자리를 제공하여 지역 주민의 삶의 질을 높이는 사회적 목적을 추구하기 위해 재화 및 서비스의 생산·판매 등의 영업활동으로 지역사회에 공헌하는 성격으로 인정하고 지원할 필요가 있다.

루비콘 제과 CEO인 릭 오브리의 철학인 '우리는 빵을 팔기 위해서 고용하는 것이 아니라 고용하기 위해 빵을 판다'는 말처럼 운영될 수 있도록 준비해야 할 것이다.

자본주의 시장 경제가 발전하면서 나타나는 불평등과 빈부격차, 환경파괴 등 다양한 사회문제에 대한 대안으로 전 세계적으로 현재 협동조합, 사회적 기업, 상호부조조합, 커뮤니티비즈니스 등의 사회적 경제 영역이 활발하게 운영되고 있다.

우리나라 사회적 경제 영역은 1920년대 농민협동조합과 도시 빈곤층들의 두레조합 등의 형태로 운영되어 왔다. 이후 1997년 외환위기를 전후해서 구조화되는 실업과 불안정한 고용, 빈부격차의 심화, 낙후 지역 발생 등의 사회·경제적 환경 속에서 사회적 경제 영역들이 다시 등장하면서 활발하게 운영되고 있다. 하지만 대부분 사회적 경제 영역 주체들이 겪는 문제가 지속적으로 운영할 수 있는 경쟁력에 대한 고민이다.

사회적 경제는 지역을 기반으로 운영되는데 2022년 3월 기준으로 지역 소멸 위험지역은 전국 228개 시·군·구 중 113개로 전체의 49.6%에 달하며 인구 불균형의 문제는 앞으로 더 큰 문제를 야기할 것이다.

우리나라는 IMF 위기 이후 외국 자본이나 대기업을 유치하면 모든 것이 해결되는 것처럼 지역경제 활성화 대책을 실시하고 있다. 이는 1980년대 이후 모든 자본주의 국가의 지방자치단체에서도 마찬가지였지만 결과는 지역 내에 별다른 경제적 파급효과를 만들지 못하고 지역 주민 고용이나 지역 재투자에도 별다른 효과가 없는 것으로 나타났다.

이런 상황에서 지역에서 생산되는 것은 지역에서 소비될 수 있도록 하고, 지역에 축적된 자금은 지역 안에서 돌고 돌 수 있도록 하며, 지역 내 기업들은 지역 안의 여타 기업들로부터 원재료나 중간재를 조달하는 선순환 구조를 구축하여 지역 경제를 활성화하자는 지역순환 경제에 관심이 높아지고 있다.

영국의 프레스턴 시는 산업혁명을 통한 면방직 산업의 부흥기를 지나 퇴락하면서 2012년까지도 영국에서 경제적으로 낙후한 도시 하위 20%에 선정되고, 아동빈곤율과 자살률이 가장 높은 도시였다. 하지만 지금은 영국에서 런던보다도 더 살기 좋은 도시로 평가받고 있다.

이는 프레스턴 시가 지역 순환 경제모델을 통해 지역의 부(富)가 외부로 유출되지 않도록 각종 제도와 정책을 마련하여 시행한 결과이다.

대표적인 정책이 지역의 앵커기관(지역사회에서 가장 많은 고용 여력을 가진 비영리 사업체를 말한다. 토지, 건물 등 비교적 많은 고정자산을 가진 영향력 있는 기관들이다. 지역에 있는 공공기관, 대학, 병원, 재단과 연구소 같은 비영리기관들이다)들이 각종 계약, 구매, 입찰 등 조달업무 시 다국적기업 및 대기업이 아닌 지역에 기반을 둔 중소기업, 협동조합, 비영리단체 등을 통해 하도록 한 정책이다. 이 결과 중소기업 등은 지역 주민을 고용하고 생활임금을 지급하며 기술훈련 계획을 마련하는 등의 고용·임금 조건 개선 등으로 주민들의 생활 수준이 높아졌다.

지역 순환 경제모델은 어려운 것이 아니다. 시민 한 사람 한 사람이 지역 경제에 도움이 되는 소비에 대한 관심에서 출발한다. 매일 마시는 커피 한 잔을 구매할 때도 우리 지역 경제에 도움이 되는 업체에서 구매하면 된다.

개인이 운영하는 카페는 각 가게 사장님만의 독특한 개성과 철학으로 다양한 문화 생태계를 만들어 마을주민들과 공생의 조화를 이루어 간다. 하지만 커피 사업에 진출한 대기업은 현란한 마케팅으로 일방적인 소비문화만을 세뇌시킨다. 이로 인해 동네 개인 카페의 폐업은 갈수록 증가하면서 서민 경제가 위협당하고 있다.

대기업이 지역에서 얻은 수익은 그 지역 경제를 위해 지역에 재투자되거나 소비되지 않는다. 수익금은 대기업 본사가 있는 지역으로 유출되므로 지역 경제에 아무런 도움이 되지 않는다.

경제는 공급과 수요의 법칙에 따라 운영되는 만큼 동네 카페가 사라지고 그 자리를 대신하여 대기업 프랜차이즈 카페가 들어설수록 지역 경제는 더 피폐해진다.

지역소멸이 현실화되어 가는 만큼 커피 한 잔을 소비하더라도 지역 개인 카페나 마을기업, 자활기업, 마을공동체, 협동조합, 노인 일자리 사업 등 사회적 영역 기관에서 운영하는 카페에서 소비하는 것이 중요하다.

소비자들이 내가 살고 있는 지역을 생각하면서 사회적 경제를 위해 노력하는 다양한 운영 주체에 관심을 가지고 소비할 때 시장형 노인 일자리 사업도 지속 가능할 것이다.

2) 노인의 외로움

무한 경쟁 사회를 살아가는 현대인들은 군중 속의 고독을 느끼면서 외로움을 많이 호소하고 있다.

2017년 영국 고독 문제 대책위원회 조사에 의하면 영국 전체 인구의 14%인 900만 명이 '외롭다'고 응답하였고, 이들 중 3분의 2가량은 '자신의 외로움을 말할 곳조차 없다'고 응답하였다.

2022년 영국정신재단에서 실시한 외로움 원인 인식 조사에 의하면 '실직 상태'와 '어두운 어린 시절'이 각 77%, '경제적 어려움'이 76%, '정신건강 문제'는 68%, '장애 · 신체적 어려움'은 65%로 나타났다.

영국에서는 세계 최초로 외로움부처를 신설하였으며, 외로움부처에는 자유롭게 이동할 권리가 외로움 해소에 중요한 역할을 한다고 판단하고 교통부와 500만 파운드(83억 6,500만 원)를 동원해 지원하고 있다.

2010년 Holt－Lunstad 등이 연구한 「사회적 관계와 사망위험 : 메타 분석적 검토」 결과에 의하면 '외로움'은 하루에 담배를 15개비 피우는 것만큼 건강에 악영향을 미치는 것으로 나타났다.

2022년 통계청 자료에 의하면 우리나라 1인 가구수는 7,502,350가구로 전체 가구 중 34.5%이고, 2023년 OECD '더 나은 삶 지수(Better life index)'에 따르면 사회적 지원 네트워크 지표인 커뮤니티 지표에서 우리나라 사람 80%는 도움이 필요할 때 의지할 수 있는 사람을 알고 있다고 믿는데, 이는 OECD 평균인 91%보다 낮은 수치로 41개국 중 38위로 최하위 수준에 있다.

다른 사람들과의 접촉 빈도와 대인관계의 질은 우리의 행복을 결정하는 중요한 요소이지만 현재 우리 사회는 사회적 고립이 확산되고 정서적 결핍이 심해지면서 모든 계층에서 외로움을 호소하고 있다. 그래서 청년은 종종 외롭고, 중년은 많이 외롭고, 노년은 내내 외롭다는 말이 있다.

우리 사회 남성 가장(家長)은 지역사회 내 커뮤니티보다 대부분 직장 업무 관련 중심으로 사회적 네트워크를 맺고 활발하게 교류해 왔다. 이에 실직, 퇴사, 퇴직 등을 하게 되면 사회적 네트워크가 바로 단절되어 그 많았던 약속도 사람도 모두 자연스럽게 정리되면서 홀로 지내는 시간이 늘어난다.

가족 관계 역시 평소 바쁜 직장 및 사회생활로 인해 오랜 시간 가족과 함께 지내지 못하다가 직장을 그만두고 여유가 생겨 뒤늦게 가족과 함께 시간을 보내고자 노력하지만 가족들이 오히려 어색해하며 거리를 두어 더욱 외로움을 느끼기도 한다.

나이가 들수록 사회적 활동 위축으로 사회적 관계가 단절되고 서서히 고립되는 시간이 길어지면서 외로움을 더 많이 느끼며, 수면 장애, 우울증 등의 질환도 동반하게 된다.

노인 부부 세대의 경우 황혼이혼, 졸혼, 별거, 사별 등으로 자연스럽게 혼자 사는 노인들이 증가하고 있다.

1967년 Thomas Holmes와 Richard Rahe가 개발한 사회적 재조정 평가 척도(SRRS)에 의하면 우리 인생의 43가지 이벤트 중 가장 큰 스트레스가 배우자 사망으로 나타난 만큼 배우자와 한평생 함께하다 갑자기 홀로 남겨지면 크나큰 두려움, 상실감, 우울감 등으로 일상생활에 어려움을 겪게 된다.

2022년 독거노인 가구는 1,973,416가구로 전체 가구 중 9.1%를 차지하고 있다. 지역별로는 7대 특광역시 중 부산 11.1%, 대구 9.8%, 광주 8.2%, 대전 7.8%, 인천 7.7%, 서울과 울산 7.5% 순으로 나타났다.

2019년 부산시 독거노인 현황조사 자료에 의하면 독거노인의 70%가 여성이고, 남성은 30%로 이들 중 85%가 우울 증상을 호소하였다.

자녀와의 교류는 80%가 하고 있으나 미흡하다고 밝혔으며, 사회관계는 위축된 것으로 나타났다.

또한 독거노인 중 4% 정도가 현황조사 거부 등으로 정확한 조사가 이루어지지 않아 복지 사각지대로 위험에 노출되어 있는 것으로 나타났다.

노인은 다양한 이유로 인해 사회적 고립에 노출되어 있는 만큼 고독사 및 자살 위험이 높으므로 정부에서는 독거노인종합지원센터를 통해 노인맞춤돌봄서비스를 지원하고 있다.

독거노인종합지원센터는 각 시・도별로 설치되어 있으며 각 구・군에 위치한 노인복지관, 사회복지관, 재가센터 등이 수행기관으로 선정되어 위험에 노출되어 있는 노인을 발굴 및 사례관리하고 있다.

독거노인종합지원센터의 주요 사업은 안전 지원 서비스, 사회 참여 서비스, 생활 교육 서비스, 일상생활 지원 서비스, 연계 서비스를 지원하고 특화 서비스로 이용자 특성에 따라 은둔형・우울형으로 집단을 분류하여 개별상담, 정신건강 의학 및 진료 지원, 집단활동, 지역사회 자원 연계 등을 지원하고 있다.

노인이 살았던 시절은 절대적 빈곤 시절로 밥 굶는 사람이 워낙 많아 사람을 만나면 인사로 "식사 했습니까?"라고 물었다. 그런 배고픈 시절을 살아온 만큼 노인에게 밥은 생명과도 같은 것인데, 혼자 사는 노인의 경우 외로워 밥 맛이 없거나 귀찮아서 기본적인 영양 섭취도 하지 못하는 경우가 있다.

이런 결식노인을 방지하기 위하여 지역마다 경로식당 등의 무료 급식 사업을 실시하고 있다. 거동이 불편하여 경로식당 등을 이용하지 못하는 노인에게는 각 가정으로 도시락을 배달하는 사업을 실시하고 있다.

하지만 우리나라 복지서비스가 보편적 지원보다 선별적 지원으로 이루어지는 만큼 경로식당을 이용할 수 있는 노인을 기초생활수급권자로 한정하고 있다. 무료 급식 예산 범위를 초과할 정도로 이용자가 많을 경우에는 여러 가지 방법으로 이용을 제한하고 있다.

도시락 배달 사업의 경우에는 대상자가 도시근로자 월평균 소득 미만 가구의 60세 이상 노인 중 거동이 불편하여 경로식당을 이용하지 못하여 식사를 거를 우려가 있는 사람이다. 이 외에도 시장·군수·구청장이 필요하다고 인정하는 사람도 지원 대상자가 된다.

도시락 사업 지원 단가는 지방자치단체에 따라 상이하지만, 부산의 경우 2023년 기준 1인당 3,500원으로 책정되어 있다. 이 예산으로는 현재 물가 기준에 턱없이 부족하여 각 지원기관 및 단체에서 후원금 등의 자부담을 통해 양질의 도시락을 준비하여 지원하고 있다.

거동이 불편한 노인은 하루 종일 방에서 홀로 지내면서 하루를 무료하게 버티는 만큼 사람에 대한 그리움이 커 도시락보다 도시락 배달하는 사람을 더 기다리기도 한다.

하지만 도시락 배달은 직원, 자원봉사자, 노인 일자리 참여자 등이 한정된 시간 내에 여러 가정을 방문해야 하므로 안부만 잠깐 묻고 갈 수밖에 없는 현실이다.

도시락 서비스를 받는 노인은 경제적으로 어려운 만큼 비탈진 좁은 골목 안이나 고시촌, 쪽방 등 폭염이나 한파에 매우 취약한 곳에서 생활하고 있다. 주거 환경이 취약한 지역이라 도시락 배달 차량 접근이 힘든 곳이 많아 도시락을 배달하는 사람은 골목 골목을 열심히 뛰어다닐 수밖에 없으며, 여러 변수가 발생하여 가끔 일정이 지체되기도 한다.

복지서비스는 국민으로서 받아야 하는 마땅한 권리이지만 권리를 요구하기 위해서는 그에 합당한 태도가 필요하다.

요즘 관공서, 식당, 카페 등에서 상대에 대한 배려 없이 본인의 권리만을 주장하는 갑질 손님으로 인해 국민들이 분노하는 것도 상대에 대한 배려나 존중이 전혀 없기 때문이다. 나의 권리는 상대의 인격을 존중하면서 요구할 때 보장될 수 있다.

부산 동구에는 매축지 마을이라는 곳이 있다. 매축지는 일제 시대에 군수물자를 싣기 위해 막사와 마구간을 지었던 곳으로 6·25 전쟁 피난민들이 몰려와 생활하면서 형성된 마을로 대표적인 슬럼가이다.

영화 <아저씨>와 <친구> 촬영지로 유명하였지만 지금은 재개발 사업을 통해 많이 정비되고 일부만이 남아 있다.

2000년 초반에는 재개발 사업이 이루어지지 않아 이곳에서 생활하는 노인 중 도시락 배달 사업 대상자가 많이 있었다.

김한조(예명, 70대) 님은 도시락 배달 사업 대상자로 대표적인 블랙 컨슈머(Black Consumer)이기도 하다.

하루는 경로식당에 자원봉사자가 없어 음식 제조가 늦어지면서 도시락 배달도 조금 늦게 출발하였다. 그날따라 차량 통행량 증가로 시간이 지체되고, 골목길에도 주차할 장소가 마땅치 않았다.

마음이 급해 일단 뛰기 시작하니 더운 날씨에 이마와 등줄기에는 땀이 금방 흘러내렸다.

미안한 마음을 가지고 김한조 님 집에 도착해서 "어르신 오늘 조금 늦어서 미안합니데. 도시락 왔어예" 하면서 문을 열고 들어갔다. 아니나 다를까 김한조 님은 얼굴에 노기를 띠면서 "지금 시간이 몇 시인데 이제 왔냐"면서 "하루 한 끼 먹고 사는 노친네인데 이렇게 늦으면 배고파 우째 살겠노?", "시간도 하나 지대로 지키지 못하면서 무신 일을 하노?", "내가 구청장한테 민원을 넣어야 바로 하나?"라며 짜증 섞인 속사포 잔소리를 쏟아낸다.

"아이고 뭐 이깐 일로 구청장한테까지 민원 넣고 그럽니까?", "오늘 늦은 건 정말 미안합니다. 사정이 생겨 그러니 오늘만 너그럽게 좀 이해해 주이소. 다음부터는 늦지 않도록 하께예"라고 사정하고 "시장하실 텐데 이제 역정 그만 내시고 맛있게 식사하시소"라고 당부하고 나오는데 등 뒤에 이런 말이 날아온다.

"뭐 이런 맛대가리 하나 없는 반찬 갖고 오면서 뭐시 잘 했다고... 에이 씨!"

역시 김한조 님다운 반응이라 개의치 않고, 다음 이분희(예명, 80대) 님에게 도시락을 배달하기 위해 달렸다.

이분희(예명, 80대) 님은 햇빛이 들지 않는 단칸방에 살고 있다. 문을 열고 들어가면 시간이 조금 지나야 사물을 인식할 수 있는 영화관처럼 어두운 곳에 하루 종일 있다.

주변 사물을 인식하기도 전에 제일 먼저 맡게 되는 것은 지독한 연탄 가스 냄새이다. 그 흔한 가스 레인지를 쓰지 않고 오로지 연탄 화로를 사용하기 때문이다.

도시락을 가지고 들어가니 오늘도 어김없이 "누구고?"라고 물으신다.

"도시락 갖고 왔어예. 오늘은 좀 늦어서 미안합니데예"라고 하니 "늦긴 뭐가 늦노? 배도 하나도 안 고프다"라고 안심시켜 주시고 "뭐 자꾸 가지고 오노? 이제 가지고 올 필요 없다", "하루 하루 사는 게 고역이다. 퍼뜩 죽어야 되는데"라고 기존의 레퍼토리를 읊기 시작한다.

"무슨 소리라예? 하루 종일 내 보고 싶어서 이렇게 기다려 놓고. 내가 오니 좋다 아이미까예?"라고 응대하자 "그래 이렇게 찾아와 주니 좋지. 샘들이 이렇게 찾아와서 밥도 주고 이야기도 해주고 필요한 것도 챙겨주고 하니 내가 이렇게 살지 안 그라만 어떻게 살겠노?"라면서 진한 외로움과 고마움을 토해 내신다.

"근데 어르신 이 연탄 가스 괜찮아예? 이거 좀 치아뿌고 가스레인지로 바꿉시더."

"괜찮다. 내가 살만 얼마 더 산다고?"

"아니 얼마 더 사는 게 아니고 이카다 연탄 가스 중독 될까 봐 안캅니까?"

"괜찮다. 이때꺼 이리 살았다. 내 걱정 말고 다른 집에나 어서 가라"고 손짓을 한다. 이제 더 이상 당신의 생활 방식에 대해 참견하지 말라는 신호이다.

식사 맛있게 하고 내일 또 만나자고 하니 웃으면서 "그래 그래 선생님밖에 없다"면서 눈시울을 적신다.

이분희 님은 항상 사람을 그리워한다. 찾아가면 무심한 듯하지만 항상 고마움을 표현하고 알뜰살뜰 챙겨 주는 그 마음에서 인정 많은 노인의 모습을 볼 수 있었다.

tvN 드라마 '응답하라 1988'에서 별명이 도롱뇽인 동룡이가 매일 혼자 밥을 먹는데 어느 날 엄마와 함께 밥을 먹는 장면이 나온다. 이 장면에서 동룡이는 너무 기분이 좋아 엄마에게 그동안 동네에 있었던 일상을 미주알고주알 이야기한다. 그 모습을 보면서 엄마가 "우리 아들이 이렇게 말이 많았네. 그동안 혼자 있게 해서 미안해"라고 한다.

이처럼 식사를 함께 하는 것은 밥만 먹는 것이 아니라 자신의 일상을, 자신의 마음을 나누면서 서로의 정을 나누는 것이다.

결식 예방을 위해 독거노인에게 배달되는 도시락도 중요하겠지만 그것보다 더 중요한 것은 함께 식사하는 사람이다.

노인에게 도시락을 주고 가는 일방적인 원조 방식이 아니라 정성껏 만든 도시락을 함께 먹을 수 있는 식구인 사람을 연결하여 일상적인 대화를 나눌 수 있도록 하는 공동체 방식의 지원이 앞으로 이루어져야 할 것이다.

3) 노인 차별

우리 사회는 성별, 연령, 학력, 지역, 외모, 인종 등 다양한 차별이 존재하는데, 최근에는 연령에 따른 출입 자체를 차단하는 노키즈존(No Kids Zone)이나 노시니어존(No Senior Zone)도 있다.

사람에 대한 배려보다는 이윤만을 추구하는 자본 만능주의와 기술 혁신 시대가 만나 은행, 식당, 카페, 편의점 등에서 자동화 주문 기기인 키오스크가 보편화되는 등 최근 노인층이 소외될 수밖에 없는 문화가 많이 만들어지고 있다.

2018년 국가인권위원회 노인인권종합보고서에 보면 우리나라 청년층 80%가 노인에 대한 부정적 편견을 가지고 있으며 노인에 대한 차별과 혐오를 야기하는 은어를 사용하고 있다.

노인의 차별과 혐오를 나타내는 은어로는 '꼰대', '틀딱', '할매미', '연금충' 등이 있다.

먼저 '꼰대'는 권위적이고 고집스러운 어른을 비하하는 말로, '꼰대질'을 하는 사람을 말한다 '틀딱'은 '틀니를 딱딱거린다'는 뜻에서 유래한 말로, 젊은 세대와 가치관이 다른 노인을 비하하는 말로 '틀딱충'이라고도 한다.

'할매미'는 공공장소에서 시끄럽게 떠드는 일부 할머

니를 매미에 비유한 말이고, '연금충'은 나라에서 주는 노령연금 등으로 생활하는 노인들을 비하하는 말이다.

2001년 선언한 유럽연합인권헌장(Charter of Fundamental Rights of the EU) 제25조 '노인의 권리'에는 "노인이 존엄성 있는 독립적 생활을 영위하고 사회적·문화적 생활에 참여할 수 있는 권리를 인정하고 존중한다"고 되어 있다.

2002년 스페인 마드리드에서 개최된 제2차 세계고령화총회(The 2nd World Assembly on Ageing)에서 마드리드 국제 고령화 행동계획을 채택하고, 노인의 기본 권리와 자유의 실현, 노인의 경제, 사회, 문화, 시민, 정치적 권리 향유, 노인 차별과 폭력 방지를 내세우면서 연령차별, 노인 유기, 학대 폭력 방지 대책과 노인에 대한 부정적 이미지 개선을 위한 대책을 회원국이 시행하도록 건의하였다.

우리나라는 2000년대 들어와 노인의 인권침해 예방에 대한 사회적 인식이 높아짐에 따라 제3차 저출산·

고령사회 기본계획(2016~2020)인 '브릿지플랜 2020'에서 노인학대 예방 체계 강화 등 노인권익 증진을 주요 추진 과제로 제시하였다.

국가인권위원회에서도 국가인권정책기본계획 내 노인 인권 보호를 강조해 오면서 노인 인권에 관한 사회적 관심과 상황이 개선되고 있다.

하지만 2015년 '세계노인복지지표(The Global Age Watch Index)'에 따르면, 우리나라 노인의 사회경제적 복지수준은 전 세계 96개국 중에서 60위이고, 노인의 소득보장 순위는 82위로 노인의 기본인권이 보장되지 않는 수준이다.

2018년 국가인권위원회 노인인권종합보고서에 의하면 노인의 58.6%가 나이 제한으로 인해 일자리를 얻지 못하는 차별을 받고 있다고 나타났다. 일을 하더라도 보수, 업무, 직책 등으로 차별을 경험한 노인이 44.3%, 직무 적합, 근로시간 및 휴게시간 보장 등 노령에 적합한 근무환경이 아닌 차별을 경험한 노인이 48.1%로 조사되었다.

일상생활 중 노인이 차별을 가장 많이 경험하는 곳은 대중교통을 이용할 때로 20.8%로 나타났다. 이어서 식당이나 커피숍 16.1%, 판매시설 이용 시 14.7%, 의료시설 이용 시 12.7%, 일터 10.6%, 공공기관 이용 시 8.7%로 나타났다. 또한 가족 내에서 주요 의사 결정을 할 때 차별을 경험한 비율은 11.3%로 나타났다.

우리 사회 곳곳에서는 이와 같은 노인차별뿐만 아니라 노인학대 문제도 많이 발생하고 있다.

노인학대는 노인에 대하여 신체적·정신적·정서적·성적 폭력 및 경제적 착취 또는 가혹행위를 하거나 유기 또는 방임을 하는 행위로 발생 공간에 따라 가정 학대와 시설 학대로 구분할 수 있다.

가정 학대는 노인과 동일가구에서 생활하고 있는 노인의 가족 구성원인 배우자, 성인 자녀뿐만 아니라 노인과 동일가구에서 생활하지 않는 부양 의무자 등 그 밖의 친족에 의한 학대를 의미하고, 시설 학대는 노인에게 비용(무료 포함)을 받고 서비스를 제공하는 요양원 및 양로원 등의 시설에서 발생하는 학대로서 시설 관련 종사자 등에 의해서 발생하는 학대이다.

노인학대의 유형은 신체적 학대, 정서적 학대, 성적 학대, 경제적 학대, 방임, 자기 방임, 유기로 분류되어 있다.

먼저 신체적 학대는 물리적 힘 또는 도구를 이용하여 노인에게 신체적 혹은 정신적 손상, 고통, 장애 등을 유발하는 행위이다.

정서적 학대는 비난, 모욕, 위협 등의 언어 및 비언어적 행위를 통하여 노인에게 정서적으로 고통을 유발하는 행위이다.

성적 학대는 성적 수치심 유발 행위 및 성폭력(성희롱, 성추행, 강간) 등의 노인의 의사에 반하여 강제적으로 행하는 모든 성적 행위이다.

경제적 학대는 노인의 의사에 반(反)하여 노인으로부터 재산 또는 권리를 빼앗는 경제적 착취, 노인 재산에 관한 법률 권리 위반 등 경제적 권리와 관련된 의사 결정에서 통제하는 행위이다.

방임은 부양 의무자로서의 책임이나 의무를 거부, 불이행 혹은 포기하여 노인에게 의식주 및 의료를 적절하게 제공하지 않는 행위(필요한 생활비, 치료, 의식주를 제공하지 않는 행위)이다.

자기 방임은 노인 스스로가 의식주 제공 및 의료 처치 등의 최소한의 자기보호 관련 행위를 의도적으로 포기 또는 비의도적으로 관리하지 않아 심신이 위험한 상황이나 사망에 이르는 행위이다.

유기는 보호자 또는 부양 의무자가 노인을 버리는 행위이다.

중앙노인보호전문기관에 의하면 2022년 노인학대는 6,807건 발생하였으며, 학대행위자는 배우자 34.8%, 아들 27.9%, 기관 18.1% 순으로 나타났다.

2022년 노인학대 피해자로 판정된 노인 6,807명 중 남자 노인이 1,562명, 여자 노인이 5,245명이다.

노인학대 피해자로 판정된 노인의 학대 빈도를 살펴보면 일회성이 1,326명, 6개월에 한 번 이상 776명, 3개월에 한 번 이상 807명, 1개월에 한 번 이상 1,734명,

1주일에 한 번 이상 1,462명, 매일 학대를 받고 있는 노인도 702명으로 조사되었다.

노인학대가 지속되는 기간은 일회성 1,242명, 1개월 미만 245명, 1개월 이상 1년 미만 935명, 1년 이상 5년 미만 2,178명, 5년 이상 2,207명으로 조사되었다.

노인학대 유형으로는 정서적 학대 43.3%, 신체적 학대 42.0%, 방임 6.5% 순으로 나타났으며, 학대 장소로는 가정 내 86.2%, 노인생활시설 9.7%, 병원 1.3% 순으로 나타났다.

노인 중 노인학대는 주로 70대 이상 고령의 노인에게 많이 발생하지만 연령대에 따라 발생하는 노인학대 유형에는 차이가 있다.

70대 노인에게 많이 발생하는 학대 유형은 신체적, 정서적, 자기 방임 학대 유형이고, 80대 노인에게는 경제적, 성적, 방임, 유기 학대 유형이 높게 나타났다.

특히 코로나19 발생 이전 2019년 5,000여 건대에 비해 코로나19가 발생한 2020년에는 6,000여 건대로 약 20% 증가한 것으로 나타났다.

이는 코로나19로 인해 가정 내에서 가족과 함께 있는 시간이 증가함에 따라 나타난 현상으로, 노인 돌봄에 대한 사회적 대책이 필요함을 보여준다.

노인학대예방사업은 우리나라 사회복지 현장에서도 노인학대에 대한 인식이 부족했던 2001년 서울 까리따스방배종합사회복지관에서 사회복지공동모금회로부터 3년 기획사업(2001~2003년)으로 지원받아 노인학대상담센터를 운영하면서 시작되었다.

사회복지공동모금회에서는 2001년 한 해 동안 진행된 노인학대상담사업 결과를 토대로 노인학대가 심각한 사회문제라고 인식하고 이러한 사업을 전국적으로 확대하였다. 사회복지공동모금회가 전국 공모사업을 실시하여 2002년에는 전국 11개소의 노인학대상담센터를 운영하게 되었다.

우리 사회는 경로효친(敬老孝親)에 대한 믿음으로 노인학대의 심각성에 대한 인식이 낮았지만 2003년 국가인권위원회에서는 노인 3명 중 1명이 한 차례 이상 학대를 받은 경험이 있다고 조사된 것으로 발표하였다. 이에 2004년 정부에서 노인복지법 개정을 통해 노인학대 예방사업의 법적 근거를 마련하고 전국 16개 광역시와 도에 17개 노인학대예방센터를 지정하였다. 이후 노인보호전문기관으로 명칭이 변경되어 현재까지 운영되고 있다.

2002년 사회복지공동모금회로부터 지정된 11개 노인학대예방센터에서 시민들에게 노인학대의 심각성을 알리기 위한 홍보사업을 실시하였다.

홍보사업은 주로 노인학대 관련 사진전을 개최하였고, 부산경남지부에서는 전국 최초로 노인학대예방을 위한 국토 순례를 실시하였다.

노인학대상담센터 부산경남지부에서는 2004년 5월 24일부터 29일(5박 6일)까지 부산을 출발하여 양산, 김해, 창원, 마산, 진해를 거쳐 다시 부산으로 이어지는 총 174km를 노인 당사자와 대학생 등 총 50명이 노인학대예방 홍보를 위해 국토 순례길에 올랐다.

노인학대 예방을 위한 국토 순례는 노인 당사자가 노인학대에 대한 심각성을 시민들에게 홍보하여 예방하고자 한 사회행동이다.

지금은 노인 당사자가 능동적으로 다양한 권리를 요구하고 실천하는 운동 성격의 사업이 많지만 2004년 당시에는 노인이 직접 나선 사회행동이 거의 없었던 만큼 준비 과정에서부터 걱정이 많았다.

노인학대 예방을 위한 국토 순례를 기획하면서 가장 우려되었던 문제는 참여 노인의 건강과 안전의 문제였다.

노인학대 예방을 위한 국토 순례 참가자로 선정된 노인의 평균 연령이 70대인 만큼 지역 병원의 협조로 검진을 통해 건강 상태를 확인하였다.

병원 검진에서 건강 상태가 양호하다고 진단받기는 했지만 평균 연령이 70대였기에 총 174km를 완주할 수 있을까 하는 걱정에 대학생 위주로 국토 순례를 완주하고 노인은 차량을 이용하면서 걸을 수 있는 구간만큼 함께 걷기로 하였다. 그러나 우려와는 달리 참가 노인 모두가 한 번도 차량을 이용하지 않고 전 구간을 완주하였다.

국토 순례는 자동차 도로를 점거하면서 걷기 때문에 운전자 입장에서는 굉장히 불편하지만 노인학대 예방 홍보 깃발 등을 보고 오히려 많은 격려와 지지를 보내 주었다.

노인학대 예방 국토 순례 기간 동안 걷다가 잠시 쉬고 있을 때는 시원한 음료 등의 간식을 직접 전달해 주는 시민도 많았고, 도심 중심가에서 노인학대 예방 퍼포먼스를 할 때에도 많은 시민이 노인학대에 대해 처음 알았다면서 참 좋은 일 한다고 지지를 해주었다.

노인학대 예방을 위한 국토 순례 5박 6일 동안 함께 한 노인과 대학생 간에도 애틋한 정이 많이 들었다.

국토 순례 기간 중 날씨가 변화무쌍하여 비가 오는 날에는 우의를 입고 걸어야 하기에 대학생이 노인의 안전과 건강에 먼저 신경 써야 하지만 오히려 노인이 대학생을 더 알뜰살뜰하게 챙겨 주면서 돌봄의 관계가 아닌 친손주와 같은 가족 관계로 변화되었다. 이로 인해 서로 부르는 호칭도 '어르신'에서 '우리 할매 할배'로, '학생'에서 '누구 누구야' 이름으로 변경되면서 "내가 그의 이름을 불러주기 전에는 그는 다만 몸짓에 지나지 않았다. 내가 그의 이름을 불러주었을때 그는 나에게로 와서 꽃이 되었다"라는 김춘수 시인의 '꽃'이라는 시처럼 완전히 서로에게 꽃이 되었다.

서로에게 꽃이 된 후 숙소에 도착하면 서로 물집도 치료해 주고 간식도 챙겨주고 도란도란 이야기 꽃을 피우면서 정말 대가족이 나들이 온 느낌이었다.

노인학대 예방을 위한 국토 순례를 무사히 종주하고 가진 평가회에서 참가 어르신들은 자신들이 낙오 없이 국토 순례를 완주할 수 있었던 이유로 "손주 같은 학생들이 우리 노인들을 위해 이렇게 고생하는데 쉴 수가 없었다. 또 학생들이 '할매', '할배' 카면서 챙겨주니 힘이 나서 할 수 있었다"고 밝혔다.

참가 학생들은 솔직히 비 오는 날은 앞도 잘 보이지 않고 걷기도 힘들었지만 어르신들이 너무 잘 걸으셔서 힘든 내색을 할 수 없었고, 또 걸으면서 우리를 많이 챙겨 주셔서 힘이 났다고 말하였다.

우리 사회는 세대별 갈등으로 많은 문제가 나타나고 있는데 이는 가족 구성의 변화로 다양한 세대가 함께 생활한 경험이 부족한 결과일 수도 있다.

세대 간 이해를 돕기 위해서는 서로 함께 할 수 있는 환경과 여건을 만들어 공유해야 한다.

사회복지 현장에서는 세대 간의 이해와 통합을 위한 1·3세대 관련 다양한 프로그램을 운영하고 있다. 하지만 프로그램 이후 관계는 지속되지 않는다. 이는 사람과 사람으로서 가족 관계로 연결하는 것이 아니라, 프로그램 공급자와 수혜자라는 인위적 관계에 머물기 때문이다.

가족 관계는 인위적 프로그램을 통해 만들어지는 것이 아니라 일상에서 자연스럽게 사람과 사람이 만나 마음을 주고받음으로써 형성될 수 있다.

마을 안에서 나의 할아버지, 할머니, 손자, 손녀로 관계가 만들어질 수 있도록 하는 것이 중요하다.

4) 노인의 건강

건강에 대한 관심이 높아짐에 따라 노인도 꾸준한 운동과 다양한 영양제 복용 등을 통해 건강 관리에 힘쓰고 있다. 달그렌과 화이트헤드(Dahlgren & Whitehead)는 건강에 영향을 미치는 결정 요인을 ① 성, 연령, 유전적 요인, ② 개인 생활양식 요인, ③ 사회적 및 지역사회 네트워크, ④ 생활 및 노동 조건, ⑤ 일반적, 사회경제적, 문화적, 환경적 조건으로 분류하였다.[1)]

통계청 자료에 의하면 우리나라 2019년 기대수명은 남자 80.3세, 여자 86.3세 평균 83.3세로 나타났으며, 건강수명은 남자 71.3세, 여자 74.7세 평균 73.1세로 기대수명과 건강수명 간의 차이는 남자 9년, 여자 11.6년, 평균 10.2년으로 나타났다.

국민건강보험공단에 따르면 65세 이상 노인에게 지출되는 진료비는 2021년에는 41조 3,829억 원으로 전체 진료비의 43.4%, 2022년에는 45조 7,647억 원으로

---

1) 2023년 부산광역시 마을건강센터 사업 운영 매뉴얼

전체 진료비의 44.8%, 2023년에는 49조 8,123억 원으로 전체 진료비의 45.9%로 해마다 증가하고 있다.

우리나라 국민이 노인이 되어 주체적으로 건강한 노후생활을 보낼 수 있는 기간은 남자 6.3년, 여자 9.7년, 평균 8년밖에 되지 않고, 이후 10여 년의 기간 동안 다양한 만성질환이나 질병 등으로 인해 건강하지 못한 노후생활을 보내게 된다.

만성질환은 의사의 진단에 의해 3개월 이상 지속적으로 앓고 있는 질병을 의미하는 것으로, 2020년 보건복지부 노인실태조사에 의하면 전체 노인 중 84%가 만성질환을 앓고 있는 것으로 나타났다.

이들 중 1개의 만성질환을 가지고 있는 노인이 29.2%, 2개의 만성질환을 가지고 있는 노인은 27.1%, 3개 이상 만성질환을 가지고 있는 노인도 27.8%이며 우리나라 노인은 평균 1.9개의 만성질병을 가지고 있다.

2개 이상의 만성질병을 지니고 있는 복합이환자 노인은 54.9%에 달하며, 연령별 복합 만성질환 유병률을 살펴보면 65~69세 42.2%, 70~74세 54.4%, 75~79세

61.4%, 80~84세 66.2%, 85세 이상 73.1%로, 연령이 높아질수록 복합 만성질환 유병률이 높은 것으로 나타났다.

또한 노인의 82.1%가 3개월 이상 의사 처방약을 복용하고 있으며, 1~2종류의 처방약을 복용하는 노인은 56.4%, 3~4종류의 처방약을 복용하는 노인은 21.4%, 5종류 이상의 처방약을 복용하고 있는 노인도 4.3%로 나타났다. 노인이 평균적으로 복용하고 있는 의사 처방약은 1.8종류로 올바른 약물 복용 지도에 대한 관리가 필요하다.

건강 진료를 위해 지난 1개월 동안 병원, 의원, 보건(지·진료)소, 한의원, 치과 등 보건의료기관을 이용한 경험이 있는 노인은 70.6%로 나타났다. 이들의 평균 방문 횟수는 1.5회이고, 지난 1년간 요양병원에 입원한 경험이 있는 노인은 0.4%이며, 요양병원 이외 병원에 입원한 경험이 있는 노인은 7.1%로 입원 횟수는 1회 4.8%, 2회 1.0%, 3회 이상 1.3%로 나타났다.

신체적·정신적 노화 등에 따른 노인성 질환은 당뇨병, 고혈압, 관절염, 치매, 골다공증 등이 있다. 2020년 국민건강영양조사에 따르면 65세 이상 노인 중 당뇨병 30.1%, 고혈압 66.8%, 관절염 25.8%, 골다공증 38.9%, 치매 9.8%가 발병한 것으로 나타났다.

이런 만성질환을 개선하기 위한 가장 미시적인 방법은 개인의 잘못된 생활 습관을 변화시키는 것이다. 하지만 혼자서는 올바른 식생활, 운동, 금연, 절주 등을 실천하기 어렵기 때문에 사회적 및 지역사회 네트워크를 통해 건강 활동을 함께 하면서 상호 지지로 건강의 위해요소로부터 방어하는 것이 중요하다.

보건복지부에서는 2014년부터 주민 참여와 지역자원 협력을 통해 주민들이 건강생활을 영위할 수 있도록 지원하는 소생활권 중심의 건강증진 기능 특화 지역보건의료기관으로 역할을 하는 건강생활지원센터사업을 실시하고 있다.

이 사업은 지역 중심의 건강 조건을 개선하기 위한 것으로 운영 원리는 지역사회 기반, 주민 참여, 지역자원 협력으로 보건의료 전문인력과 마을 활동가가 주민들과 함께 마을 단위의 건강증진을 위한 활동을 하는 것이다.

부산시에서는 건강도시사업지원단을 별도로 두어 부산광역시 건강 형평성 실현을 위한 조례 제6조에 의거 마을건강센터를 2022년 기준 72개소를 운영하면서 부산시 전체 건강 수준을 향상시키고 있다. 특히 마을건강센터 참여 주체들이 주로 노인들이라 건강한 노후생활에 많은 도움이 되고 있는 것으로 나타나고 있다.

마을건강센터의 장점은 노인이 생활하고 있는 집 근처에서 혈압, 혈당, 당화혈색소, 빈혈, 체성분, 콜레스테롤, 스트레스 검사, 치매선별검사, 우울선별검사 등으로 본인의 건강상태를 바로 확인하고 관리받을 수 있으며 주기적 상담과 교육을 통해 자가 건강관리 역량을 향상시킬 수 있다는 것이다.

또한 건강에 대한 비슷한 욕구를 가진 주민들이 건강소모임(치매예방동아리, 우울예방동아리, 고혈압·당뇨동아리, 걷기동아리 등)을 조직하여 스스로 건강을 지키며 자신의 건강을 위해 활동하는 것을 지원한다.

더 나아가 주민 스스로가 마을의 건강문제를 해결하기 위해 마을에 필요한 건강계획을 세우고 개선 활동을 하고 있다.

노인성 질환은 개인의 노후 삶에 부정적 영향을 줄 뿐만 아니라 사회적으로도 부양비용에 대한 부담으로 세대 간의 갈등이 야기하고 있는 만큼 마을 단위의 건강사업을 수행하는 마을건강센터가 더 체계적으로 확대될 필요성이 있다.

노인성 질환 외에도 노인 건강에 치명적인 문제가 되는 것이 노인 낙상 문제이다.

2022년 질병관리청 국가손상종합통계에 따르면 국내 70대 이상 노인 100명 중 3.2명이 추락으로 병원에 입원하며, 1만 명 중 2.6명이 추락으로 사망한 것으로 나타났다.

한국소비자원은 2018~2021년 소비자위해감시시스템(CISS)에 접수된 고령자 안전사고 2만 3,561건을 분석한 결과 전체 고령자 안전사고 중 낙상사고 비율은 62.7%로 나타났으며, 연령별로는 75~79세(3,248건), 80~84세(3,223건), 70~74세(2,703건) 순으로 낙상사고가 많았고, 성별로는 여성의 낙상사고가 남성보다 2배가량 많았다.

고령자 낙상사고는 높은 곳에서 떨어지는 것보다는 미끄러지거나 넘어지는 사고의 비율(81.3%)이 높다.

낙상사고의 74%는 주택에서 발생했는데 주로 화장실이나 욕실 바닥에서 미끄러지거나 침대에서 떨어지는 사례가 많다.

낙상사고로 다치는 부위는 머리 및 뇌(뇌막)가 20.4%로 가장 많았지만 나이가 많을수록 손목 골절보다는 엉덩이뼈 등 둔부 골절이 늘었고 동시에 두 군데 이상 다치는 사례도 많은 것으로 나타났다.

이런 사고 및 질환 등으로 지출된 65세 이상 노인의 수술비가 국민건강보험공단에 의하면 2022년 5조 5천억 원으로 전체 진료비의 16.2%, 2023년 6조 1천억 원으로 전체 진료비의 16.6%로 나타났다.

이처럼 노인은 운동 및 인지 능력 감소로 일상생활에서 낙상사고가 빈번하게 일어나므로 항상 조심해야 하며, 가정 내에서도 위험 요소를 방지할 수 있는 정책지원이 마련되어야 한다.

노인의 주거 공간은 수십 년을 살아온 공간이다 보니 익숙한 면도 있지만 현재 노화에 따른 신체적 여건에 부적합한 경우가 많다.

노인이 생활하는 주택의 공간은 유니버셜 디자인 개념으로 노인의 신체적, 행태적, 인지적 특성을 반영하여 접근성, 안전성 및 안전감, 지원성, 자율성, 사회성, 프라이버시, 독립성, 개인화, 방향감, 심미성 등을 고려하여 재배치되어야 한다.[2)]

접근성(accessibility)은 노인의 활동을 방해하거나 위협하는 물리적 장애물이 제거된, 장애가 없는 상태를 의미한다.

---

2) www.contents2.kocw.or.kr/kocw/document/2017/chungbuk/leehyunjeong/5.pdf

안전성(safety)은 일상생활과 이동에서 안전사고의 위험을 최소화하는 것이고, 안전감(security)은 외부로부터의 위험이나 비상사태 발생 시 대응할 수 있다는 심리적인 부분을 이야기한다.

지원성(supportiveness)은 노인의 저하된 신체적 기능을 환경의 물리적 요소들로 보조할 수 있도록 하는 것이다.

자율성(autonomy)은 자신이 있는 환경에 대하여 스스로 통제 및 선택할 수 있도록 하는 것으로, 익숙했던 가구나 물품, 공간배치 등을 통하여 통제성을 증진시킨다.

사회성(social interaction)은 공간 및 가구 배치 등을 통하여 가족, 이웃 등과의 사회적 접촉과 상호작용을 효과적으로 할 수 있는 기회를 제공하는 것이다.

프라이버시(privacy)는 원하지 않는 사회적 상호자용을 피할 수 있는 환경을 제공하는 것이다.

독립성(independence)은 노인이 타인의 도움 없이 일상생활 동작 등을 스스로 수행할 수 있는 환경을 조성하는 것이다.

개인화(personalization)는 개인의 물품을 설치하거나 배열할 수 있는 기회를 제공하여 자신이 타인과 구별된 개인임을 명확하게 인지시키는 것이다.

방향감(orientation/way-finding)은 다양한 단서와 정보를 제공하여 장소와 방향성을 쉽게 인지하고 찾아갈 수 있도록 하는 것이다.

심미성(aesthetic/appearance)은 본인뿐만 아니라 타인에게도 매력적인 공간으로 보일 수 있도록 계획하는 것이다.

이와 같은 상황을 고려하여 주거 내 단차는 없애거나 2cm 미만으로 낮추거나 완만한 경사로를 설치하여 걸려 넘어지는 것을 방지해야 한다.

계단 및 높낮이 차이가 있는 곳에는 이를 확실히 인식할 수 있는 간접 조명의 설치가 필요하고, 손잡이, 스위치 등은 미세한 동작을 요구하지 않는 형태로 설치되어야 한다.

수납 가구는 내부를 볼 수 있는 것으로 하고, 가전기기는 기능이 가장 단순한 것으로 구비하는 것이 좋다.

잦은 소변과 숙면을 위해서라도 욕실과 화장실은 침실 근처에 배치하고 야간 조명등을 설치하여야 하며, 바닥에 미끄럼 방지 타일이나 테이프 등으로 안전감을 높여야 한다.

관절과 허리근육의 약화로 앉고 서기가 힘들므로 입식 생활 환경으로 변경하여야 하며, 동선에 따라 안전 손잡이를 설치하고 바닥재는 미끄럽지 않은 재질로 설치하여야 한다.

노인이나 가족들이 노년기에 가장 두려워하는 질병 중 하나가 나를 잃어버리는 치매이다.

치매는 예전에는 망령, 노망이라고 부르면서 노인이면 당연히 겪게 되는 노화 현상이라고 생각했지만, 최근 많은 연구를 통해 분명한 뇌 질환으로 밝혀졌다.

치매는 후천적으로 다양한 원인으로 인해 발병하며, 기억력을 비롯한 여러 가지 인지기능에 문제가 생긴다.

치매의 대표적인 초기 증상은 기억력 장애이다. 일반적인 기억력 저하는 대개 사소한 일들에 국한되어 개인의 일상생활을 심각하게 저해하지 않지만, 치매로 인한 기억력 저하는 일상생활을 혼자 수행하기 어려울 정도로 심한 영향을 미친다.

치매는 어떤 하나의 질병명이 아니라, 특정한 조건에서 여러 증상들이 함께 나타나는 증상들의 묶음으로 가장 대표적인 것이 알츠하이머병과 혈관성 치매이며, 그 외 루이체 치매, 전두측두엽 치매 등이 있다.

두통이나 만성 기침 등의 여러 증상들도 그 원인에 따라 치료법이 다르듯이 치매도 그 원인을 밝혀 적절한 치료법을 찾아내는 것이 원칙이므로 치매에 대한 정확한 진단이 중요하다.

중앙치매센터에서 제시한 우리나라 치매 환자 현황을 보면 2022년 기준 60세 이상 추정치매유병률은 7.30%, 960,556명으로 치매관리비용은 21조 3,259억 8,700만 원이고, 65세 이상 추정치매유병률은 10.38%, 935,087명으로 치매관리비용은 20조 7,605억 3,200만 원으로 나타났다.

현재 치매의 근본 원인을 해결하는 치료법은 없다. 환자의 기능 중 회복이 가능한 것은 회복시키고, 남아 있는 기능은 최대한 오랫동안 유지시키는 데 초점을 두고 있다. 이를 통해 독립적인 생활 기간을 늘리고 삶의 질을 높여 환자들이 마지막까지 고통 없이 인간다운 존엄성을 가지며 살아갈 수 있도록 하는 것이다. 그러므로 치매는 무엇보다도 예방과 조기 발견 및 관리가 중요하다.

치매 예방의 핵심은 위험 요인을 줄이고 보호 요인을 강화하는 것으로 간단한 생활습관의 변화를 통해서도 치매의 발병 위험을 낮출 수 있다.

치매 예방 수칙으로 3권(勸, 즐길 것) 3금(禁, 참을 것) 3행(行, 챙길 것)이 있다.

3권(勸, 즐길 것)은 3가지 권하는 것으로 운동, 식사, 독서를 말한다.

운동은 뇌 혈류 개선에 도움을 줄 수 있는 제일 중요한 신체활동인 유산소 운동을 한 번에 20~30분씩, 주 3회 이상 하는 것을 권한다. 대표적인 유산소 운동은 걷기이다. 걷을 때는 평소보다 숨이 조금 찰 정도지만 대화는 가능할 수준으로 빠른 걷기를 권한다.

식사는 인지건강에 긍정적인 영향을 미치는 생선, 채소, 과일, 견과류 등을 골고루 섭취하고 육류 등의 고지방 섭취는 치매의 위험을 높일 수 있으므로 되도록 하지 않는 것을 권한다.

독서, 도서관 이용, 연극 관람 등과 같은 지적 활동을 많이 하면 알츠하이머병의 발생 위험이 낮아진다는 연구결과가 있다. 낱말 맞추기, 편지쓰기, 독서 및 영화 · 공연 관람과 같은 문화 · 취미활동 등 뇌세포를 지속적으로 자극해 줄 수 있는 두뇌활동을 꾸준히 즐겁게 하도록 권한다.

3금(禁, 참을 것)은 3가지 금지해야 하는 것으로 음주, 흡연, 뇌 손상을 예방해야 한다.

과음과 폭음은 인지장애의 확률을 1.7배 높이며, 중년기부터 많은 음주를 한 사람의 경우 노년기에 인지장애를 보일 확률이 2.6배 높은 것으로 나타났다. 또한 과음이나 습관적인 음주는 인지기능 손상으로 인한 알코

올성 치매의 원인이 될 수 있지만 적당한 음주는 기억력, 반응속도와 같은 인지기능에 어느 정도 긍정적인 영향을 미친다는 연구 결과도 있기에 술은 한번에 3잔 이하로 마시는 것이 좋다.

흡연자의 치매 발병 위험은 비흡연자에 비해 1.59배 높고, 현재 흡연을 하는 사람은 비흡연자에 비해 2년 후 알츠하이머 치매에 걸릴 확률이 3배 높다. 그러나 금연 후 6년 이상 시간이 지나면 인지장애의 확률이 41% 감소하기 때문에 금연이 필요하다.

의식을 잃을 정도의 뇌 손상을 경험해 본 경우 그렇지 않은 경우에 비해 치매 위험이 1.18배 높다. 머리를 보호하기 위해 운동할 때에는 보호 장구를 반드시 착용하고, 머리를 부딪쳤을 때에는 바로 검사를 받아보는 것이 좋다.

3행(行, 챙길 것)은 3가지 챙겨야 하는 것으로 건강검진, 소통, 치매 조기 발견을 말한다.

당뇨, 고혈압, 비만인 사람은 정상인 사람들에 비해 치매 위험이 각각 1.46배, 1.61배, 1.6배 높게 나타난 만큼 고혈압, 당뇨, 비만과 같은 질환을 예방하기 위해 정기적인 건강검진이 필요하다.

중년에는 활발한 사회활동을 했으나 노년에 그 빈도가 떨어지는 사람의 경우 치매에 걸릴 확률이 1.9배 높으므로 지속적으로 사회활동을 하고 사람들과 꾸준히 소통하며 만나는 것이 중요하다. 자원봉사, 교회·성당 등에서의 종교 활동 및 교제, 복지관, 동호회 등 사회활동에 많이 참여해야 한다.

치매는 조기에 발견하여 적극적으로 치료·관리할 경우 건강한 상태를 보다 오래 유지하여 삶의 질을 높일 수 있고 가족들은 돌봄에 대한 부담이 줄어든다. 치매 조기 발견을 위해서는 가까운 보건소나 치매안심센터를 방문하여 상담 및 치매 선별검사를 받아 보는 것이 좋다.

이러한 선별검사를 통해 초기 발견하게 되면 재활훈련 등을 통해 충분히 회복될 수 있고 진행 속도를 줄일 수 있다.

사회복지서비스 중 거동이 불편한 노인을 위해 직접 방문하여 다양한 서비스를 제공하는 재가노인서비스가 있다.

서비스를 제공받는 대부분 노인들은 거동이 힘들어 외출을 잘 하지 못해 대부분 시간을 방안에서 혼자 보내는 경우가 많다.

이렇게 혼자 있는 시간이 오래 지속되다 보면 우울증 등의 질환을 앓는 경우가 많고 이런 노인들의 사례관리를 위해 사회복지사들이 정기적으로 방문하여 근황 파악부터 소소한 말벗 등의 서비스를 제공하고 있다.

조분례(예명, 70대) 님은 남편과 일찍 사별하고 경제적으로 힘든 상황에서도 애지중지 딸을 양육하였다. 그 사랑스러운 딸이 독립하여 타 지역에서 생활하게 됨에 따라 혼자가 되었다.

조분례 님은 평소 경증의 우울증을 겪고 있었지만 다른 특별한 문제는 없었다. 그날도 조분례 님을 찾아뵙기 위해 방문을 하였는데 갑자기 우리를 알아보지 못하였다.

그동안 방문할 때마다 살갑게 반겨주고 맛난 간식도 내주었던 분이기에 너무 당황스러웠다. 복지관에서 왔다고 하니 자신을 왜 찾아왔는지 오히려 의아해했다.

그렇게 한참 이야기를 하다 보니 조금씩 기억이 나는지 "아이고 샘 아이가? 내가 왜 이러는지 모르겠네"라며 "요즘 내가 기억이 왔다리갔다리 한다"고 했다.

방문 후 복지관에서 사례관리 회의를 통해 치매가 의심됨에 따라 조분례 님을 집중관리대상으로 선정하여 자주 방문하였다.

방문할 때마다 문제 행동이 점점 증가하기 시작하였다. 가스레인지에 음식물을 올려놓고 깜박하여 태우는 일이 많아졌고, 자꾸 모르는 사람이 집에 찾아온다, 돈이 없어진다 등 기억상실과 망상 증상이 심해지기 시작했다.

더 이상 방치할 수 없어 보건소로 동행하여 간이 검사를 하였지만 병원에서의 정확한 진단이 필요했다. 자녀에게 전화를 하여 그동안의 상황에 대한 자초지종을 이야기하고 빠른 시일 내 병원 진료를 권유하였다.

병원 검사 결과 초기 치매로 판정되어 복지관 노인주간보호센터를 이용하게 되었다.

조분례 님은 노인주간보호센터를 이용하면서 꾸준히 약물 복용을 하고 다양한 프로그램에 참여하면서 웃음을 되찾고 얼굴에도 생기가 돌기 시작하였다.

주간보호센터를 이용한 지 3개월 후 조분례 님은 일상 생활에서 거의 어려움 없이 지낼 수 있는 상태까지 호전되었고 예전에 왜 그랬는지 자신도 모르겠다면서 이렇게 돌봐줘서 너무 감사하다고 했다.

이후에도 주간보호센터를 지속적으로 이용하다가 1년 후에는 딸이 자신이 살고 있는 지역으로 조분례 님을 모시고 갔다.

대부분 노인은 집에서 아무런 문제 없이 생활하다가 시간이 지남에 따라 자연스러운 노화로 인해 누군가의 도움을 받을 수밖에 없는 시기가 오게 된다. 이 시기가 오면 가장 중요한 문제가 케어, 즉 돌봄 문제이다.

부모 돌봄 문제에 대한 인식조사인 통계청 2020년 사회조사에 따르면 '가족이 책임져야 한다'는 응답은 22%, '가족과 정부, 사회가 함께 책임져야 한다'는 응답은 61.6%로 나타났다.

이제는 부모의 돌봄이 개인 책임이 아닌 사회적 책임으로 인식되고 있는 만큼 노인장기요양보험의 역할이 더욱 중요하게 되었다.

돌봄은 의료의 한 부분임에도 불구하고 현재는 돌봄, 간병, 간호, 의료라는 체계로 분화되어 있다.

의료와 돌봄이 분화된 계기는 2008년 시행된 노인장기요양보험 제도로 인한 것으로, 의료는 국민건강보험에 의해 지원되고 돌봄은 노인장기요양보험에 의해 지원되고 있다.

간호와 의료는 의료법에 따라 노인요양병원에서 국민건강보험 수가로, 돌봄은 노인복지법에 따라 운영되는 재가서비스나 노인요양시설에서 노인장기요양보험 수가로 운영된다.

2020년 12월 31일 기준 전국에 노인요양병원은 1,370개, 노인요양원은 3,168개가 운영되고 있다.

운영 현황은 노인요양병원의 정원 101,232명 중 입소자는 93,675명으로 충원율은 92.5%, 노인요양원은 정원 173,271명 중 입소자는 143,279명으로 충원율은 82.7%이다.

돌봄을 담당하는 노인장기요양서비스는 노인성 질환을 가지고 있는 사람에 대해 장기요양등급 판정에 따라 시설급여와 재가급여 서비스를 제공한다. 2021년 전체 노인 중 14.4%가 장기요양서비스를 신청하였고, 신청자 중 74.4%인 95만 명의 노인이 등급판정을 받았다.

장기요양 등급판정은 "건강이 매우 안 좋다", "큰 병에 걸렸다" 등과 같은 주관적인 개념이 아닌 "심신의 기능상태에 따라 일상생활에서 도움(장기요양)이 얼마나 필요한가?"를 지표화한 장기요양 인정 점수를 기준으로 6개 등급으로 나누어 판정된다.

1등급은 심신의 기능 상태 장애로 일상생활에서 전적으로 다른 사람의 도움이 필요한 자로서 장기요양 인정 점수가 95점 이상이어야 한다.

2등급은 심신의 기능상태 장애로 일상생활에서 상당 부분 다른 사람의 도움이 필요한 자로서 장기요양 인정 점수가 75점 이상 95점 미만이어야 한다.

3등급은 심신의 기능상태 장애로 일상생활에서 부분적으로 다른 사람의 도움이 필요한 자로서 장기요양 인정 점수가 60점 이상 75점 미만이어야 한다.

4등급은 심신의 기능상태 장애로 일상생활에서 일정부분 다른 사람의 도움이 필요한 자로서 장기요양 인정 점수가 51점 이상 60점 미만이어야 한다.

5등급은 치매 환자로(노인장기요양보험법 시행령 제2조에 따른 노인성 질병으로 한정) 장기요양 인정 점수가 45점 이상 51점 미만이어야 한다.

인지지원등급은 치매 환자로(노인장기요양보험법 시행령 제2조에 따른 노인성 질병으로 한정) 장기요양 인정 점수가 45점 미만이어야 한다.

장기요양 등급을 받기 위해서는 먼저 국민건강보험공단에 신청해야 한다. 신청이 접수되면 공단에서는 간호사, 사회복지사, 물리치료사 등으로 구성된 장기요양 직원이 직접 대상자 가정을 방문하여 「장기요양인정조사표」에 따라 조사를 통해 신청인의 심신 상태를 나타내는 52개 항목(신체기능 12항목, 인지기능 7항목, 행동변화 14항목, 간호처치 9항목, 재활 10항목)의 조사 결과를 입력하여 장기요양 인정 점수를 산정한다. 이 산정된 점수를 토대로 방문조사 결과, 의사소견서, 특기사항 등을 기초로 신청인의 기능상태 및 장기요양이 필요한 정도 등을 등급판정위원회에 제출하여 최종 심의 판정한다. 최종 판정된 등급에 따라 필요한 서비스를 제공받을 수 있다.

하지만 등급이라는 단어의 뜻은 신분, 품질, 값, 각종 평가 등의 높고 낮음, 좋고 나쁨을 여러 단계로 나누고 구분하는 것을 의미하는 것으로, 사람에 대해 사용하는 것이 적절하지 않은 것 같다.

장애인등급제도도 심한 장애와 심하지 않은 장애로 변경되었듯이 장기요양등급도 건강 상태를 표현하는 최상중증, 최중증, 중증, 중경증, 경증 단위로 변경할 필요가 있을 것 같다.

장기요양등급이 확정되면 등급에 따라 시설급여와 재가급여 서비스를 제공받을 수 있다.

시설급여는 장기요양등급 1, 2등급을 받아야 신청할 수 있으며, 치매인 경우는 5등급까지도 신청할 수 있다.

시설 유형으로는 노인요양시설과 노인요양공동생활가정이 있다. 노인요양시설은 입소정원 10명 이상의 규모를 갖춘 시설로 장기간 입소한 수급자에게 신체활동 지원 및 심신기능의 유지·향상을 위한 교육·훈련 등을 제공하는 시설이다.

노인요양공동생활가정은 입소정원 5명 이상 9명 이하의 소규모 시설로 장기간 입소한 수급자에게 가정과 같은 주거 여건에서 신체활동 지원 및 심신 기능의 유지 향상을 위한 교육·훈련 등을 제공하는 시설이다.

재가급여는 장기요양등급 3등급, 4등급, 5등급, 인지등급을 받은 노인이 가정에서 생활하면서 재가노인복지시설로부터 필요한 서비스를 신청하여 이용할 수 있다. 서비스 종류에는 방문요양서비스, 방문목욕서비스, 주·야간보호서비스, 단기보호서비스, 방문간호서비스, 복지용구서비스, 재가지원 서비스가 있다.

방문요양서비스는 요양보호사가 가정으로 방문하여 세면 도움, 구강관리, 머리 감기기, 식사 도움, 목욕 도움 및 가사활동 등의 일상생활 지원서비스/ 취사, 청소 및 주변 정돈, 세탁 등의 일상생활지원서비스/ 말벗, 생활상담, 의사소통 도움 등의 정서지원서비스/ 외출 시 동행, 일상 업무 대행 등의 개인활동지원 서비스를 제공하는 것이다.

방문목욕서비스는 목욕 설비를 갖춘 차량을 이용하여 가정에서 목욕을 지원하는 서비스이다.

주간보호서비스는 차량을 이용하여 각 가정으로 가서 모시고 와서 일정 시간 동안 식사, 기본 간호, 치매 관리, 응급 서비스 등 심신 기능의 유지 및 향상을 위한 교육과 훈련을 제공 후 다시 가정으로 모셔다드리는 서비스이다.

단기보호서비스는 월 9일 이내로 시설 내에서 신체활동 지원 및 심신 기능 유지, 향상을 위한 교육과 훈련을 제공하는 서비스이다.

방문간호서비스는 의사, 한의사 또는 치과의사의 지시에 따라 간호사, 간호조무사 또는 치위생사가 가정을 방문하여 간호, 진료의 보조, 요양에 관한 상담 및 구강위생을 제공하는 서비스이다.

복지용구서비스는 일상생활 또는 신체활동 지원에 필요한 용구인 휠체어, 전동 및 수동 침대, 목욕리프트, 욕창 예방 매트리스 및 방석, 이동욕조, 성인용 보행기 등을 지원하는 서비스이다.

의료 부문이 세분화되면서 치료와 돌봄에 대한 분리로 노인 의료는 요양병원에서, 노인 수발은 요양원이나 재가복지시설에서 하게 되었다. 하지만 현재에는 의료적인 처치가 필요 없는 경우에도 요양원이 아닌 요양병원을 이용하고 있는 사례가 많이 있다.

이는 요양원이라는 사회복지시설에 대한 부정적인 인식, 즉 예전 고려장이라는 문화에서 기인하여 노부모를 시설에 버렸다는 생각을 떨쳐낼 수 없기 때문이다. 하지만 사회가 변화되고 그에 따른 전문적인 서비스 기관이 운영되고 있는 만큼 인식의 변화가 필요하다.

요양병원과 요양원의 운영 목적은 다르다. 요양병원은 의료적인 치료를 위해 존재하며, 요양원은 일상생활 지원을 위해 존재하기 때문에 운영방식이나 프로그램이 전혀 다르다.

요양병원은 노인이 치료를 위해 입원한 환자이기에 최대한 움직이지 않고 휴식을 취하도록 조치한다. 하지만 요양원은 노인이 돌봄을 통해 일상생활을 지원하는 생활시설이므로 노인의 잔존기능을 최대한 활용하여 스스로 움직이면서 할 수 있는 다양한 활동을 지원한다.

더 이상 치료가 필요 없고 일상생활이 가능한 노인이 장기간 요양병원에 있을 경우에는 신체 기능이 급격하게 떨어질 수 있다. 그래서 노인들 사이에는 "요양병원 가지 마라. 두 발로 걸어 들어가서 누워서 나온다"는 말이 있다.

노인의 신체적 특성상 움직이지 않고 가만히 누워만 있으면 급격한 근력 손실로 인해 신체 활동 능력과 운동 능력이 떨어지게 되고 한번 떨어지면 회복이 거의 불가능해진다.

노인의 행복한 노후생활을 위해서는 노인의 건강 상태에 따라 치료와 돌봄 시설을 잘 선택하여 이용해야 한다.

'진료는 의사에게 약은 약사에게'라는 말처럼 노인의 인간다운 삶을 위해서는 '치료는 요양병원에서 돌봄은 요양원'에서 해야 할 것이다.

현재 노인장기요양보험을 통해 노인의 건강 상태에 따라 다양한 돌봄 시설에서 전문적인 서비스를 제공받을 수 있지만 현실적으로는 시설 입소 및 이용 과정에서 개인 및 가족 간의 갈등이 나타나기도 한다.

얼마 전 단체 메신저에 친구의 장문이 올라왔다. 이제 어머니가 치매 상태가 많이 악화되어 더 이상 모실 수 없을 것 같아 요양원으로 보내야 하는데 너무 괴롭다는 심경의 내용이었다.

친구의 심정은 누구보다도 이해를 하지만 어머니의 건강 상태가 집에서 돌보는 데 있어 도저히 감당할 수 없는 상황까지 와서야 전문 돌봄시설을 고민한다는 것은, 지금까지 어머니의 돌봄을 담당한 부인에 대해 배려가 부족하지 않았나라는 생각이 들었다.

집에서 마냥 모시기보다는 더 빨리 다양한 전문 돌봄시설을 이용하였다면 어머님의 치매 진행 속도도 조금 늦출 수 있고 가족들이 어머니와의 일상적인 관계를 더 오랫동안 이어갈 수도 있었을 것이다.

또한 형제자매끼리도 부모님 건강 상태에 대해 정확하게 인지하지 못할 경우 부모님이 충분히 혼자 생활할 수 있는데도 불구하고 요양원 등에 보내려고 한다면서 가족 간에 다툼이 생기기도 한다.

이런 경우 서로 다툼 끝에 누군가가 책임을 지고 부모님을 모시지만 생각과는 달리 돌봄에 대한 전문지식 부족 등으로 금세 지치고 스트레스도 많이 받게 된다. 이 과정에서 부모님이 경미하게 다치기라도 하면 다른 형제자매의 원망과 비난 등으로 가족 관계의 단절로까지 이어지는 경우도 있다.

재가급여 중 주간보호서비스는 각 가정으로 송영서비스를 통해 낮시간 동안 다양한 인지 및 재활 프로그램 진행과 식사 지원 등의 서비스를 제공하여 노인뿐만 아니라 집에 있는 사람도 마음 놓고 일상생활을 할 수 있는 장점이 있다. 하지만 이 서비스를 이용하는 노인 대부분이 경증이다 보니 자신의 건강에 대해 정확하게 인지하지 못하고 무조건 싫다면서 서비스를 거부하여 갈등을 빚기도 한다.

가족의 설득으로 주간보호서비스를 이용하는 적응기간 중 남성 노인이 여성 노인보다 적응을 잘 하지 못하고 중단하는 경우가 많다. 이는 기존 주간보호서비스 이용자가 여성 노인이 많은 것도 있지만 남성 노인의 사회적 관계 능력 부족으로 인한 것이다.

남성 노인의 경우 일 중심의 사회적 관계를 맺는 데만 익숙하다 보니 일반적인 상황에서 관계를 형성하는 게 무척 낯설고 서툴러 새로운 환경에 적응하는 것을 어려워하여 포기하는 경우가 많다.

이러한 돌봄과 관련하여 다양한 갈등이 일어나기 전에 노인이 되면 평소 스스로 돌봄에 대한 고민을 가족과 함께 논의해야 할 것이다.

나이가 들면 어느 순간부터 누군가의 도움이 필요하고 누군가를 의존할 수밖에 없다. 우리 사회가 다양한 돌봄을 제공하는, 다시 말해 나의 건강상태에 따라 다양하게 의존할 수 있는 서비스를 선택하는 것이 아주 자연스러운 사회가 되어야 할 것이다.

이런 사회가 되기 위해서는 돌봄 노동자에 대한 처우 개선, 근무환경 개선 등에 대한 사회적 인식에 대한 변화가 필요하다.

2022년 노인장기요양 실태조사 결과에 의하면 노인장기요양 돌봄 노동자의 성별 비율은 남성 6.1%, 여성 93.9%이며, 연령별로는 60대가 전체의 절반에 가까운 48.3%이고, 60대 이상의 비율은 62.9%로 상당히 높다. 고용형태는 정규직이 33.9%, 계약직이 66.1%이고, 계약직 중에서도 시간제가 53.6%, 전일제가 12.5%였다.

현재 소속된 장기요양기관의 평균 근무기간은 3.3년이며, 지난 1년간의 이직 경험에 대해 응답자의 11.4%가 이직 경험이 있다고 응답하였고, 3개월 월 평균 근무일수는 20.9일이었으며, 월 평균 근무시간은 100.5시간으로, 근무일 1일 평균 약 5시간 근무한 것으로 조사되었다.

돌봄 노동자의 처우 개선을 위해 필요한 사항에 대해 '임금수준 향상'이라는 응답이 66.2%로 가장 높게 나타났고, '법정 수당 및 휴게·근로시간 보장' 18.2%, '기관별 임금 격차 축소' 6.9%, '정규직 고용 확대' 4.4%, '업무 관련 교육 또는 훈련 제공' 2.7%로 나타났다.

돌봄 노동자의 근무 환경 개선을 위해 필요한 사항의 경우, '업무 보조 장비 또는 기기 지원'이 26.4%로 가장 높게 나타났고, '직원 존중을 위한 이용자(가족) 교육' 17.2%, '서류 업무 축소 또는 행정전산화' 15.6%, '사회적 인식 개선' 14.9%, '부당 대우에 대한 기관의 적극적 대응' 12.6%, '권익보호기관 강화' 12.6%로 모든 응답이 고르게 10% 이상 나타났다.

열악한 노동 조건으로 인해 지난 1년간 돌봄 노동자의 이직률은 10%를 상회하고 있어 장기요양기관들은 운영의 어려움으로 인력 채용을 1순위로 꼽고 있다.

이는 노인장기요양서비스의 시장화로 인해 운영 기관에서 수익성을 먼저 고려하여 운영한 결과이다.

2023년 통계청의 고령자 통계 자료에 의하면 2022년 노인복지시설 수는 8만 9,698개소로 전년 대비 5.2% 증가하였고, 방문요양서비스, 방문목욕서비스, 주야간보호서비스 등 재가노인복지시설은 1만 3,272개소로, 전년 대비 3,288개소(32.9%) 증가하였으며, 노인요양시설, 노인요양공동생활가정인 노인의료복지시설은 6,069개소로, 전년 대비 248개소(4.0%) 증가하였다.

재가노인복지시설과 노인의료복지시설의 운영 주체는 개인 운영이 83.6%로 가장 높았으며, 비영리법인 12.0%, 영리법인 4.2%, 국가 및 지방자치단체 0.2% 순이다.

돌봄 노동자의 지난 3개월 동안 구간별 월평균 임금을 보면, 50만 원 미만 14.2%, 50~100만 원 미만 35.4%, 100~150만 원 미만 13.8%, 150~200만 원 미만 20.9%, 200만 원 이상 15.7%이다.

지난 3개월간 월평균 임금이 120.7만 원으로 남성 대비 여성, 연령이 높아질수록 월평균 임금이 낮아지는 경향을 보이며, 직종별로는 요양보호사가 109.9만 원으로 타 직종에 비해 낮게 나타났으며, 운영 주체별로는 국가·지방자치단체에 근무하는 장기요양요원의 월평균 임금이 164.5만 원으로 네 가지 운영 주체 유형 중 가장 높은 수준이었다.

돌봄은 재난 상황에서 필수 노동으로 분류될 만큼 우리 사회에서 없으면 안 되는 소중한 노동 분야이다. 이번 코로나19 사태를 겪으면서 우리 사회는 돌봄 노동이 얼마나 중요한 것인가를 절실하게 느꼈다. 하지만 그에 대한 사회적 대우는 항상 최저임금 수준에서 벗어나지 못하고 있다.

돌봄 노동에 대한 사회적 인식과 대우 수준이 결국에는 노인이 받는 서비스의 질 수준으로 귀결된다는 사실을 인식해야 할 것이다.

노인장기요양보험은 고령화시대 노인성 질환으로 장기간 요양이 필요할 때 개인이나 가족의 책임이 아닌 국가 책임으로 서비스를 제공하는 제도인만큼 공공성 강화을 위한 제도 개선이 더 필요하다.

5) 노인의 사랑

"야 야 야 내 나이가 어때서 사랑하기 딱 좋은 나인데~"

사람이 정말 사랑하기 딱 좋은 나이는 언제일까? 로미오와 줄리엣, 이 도령과 춘향이 등 세기의 작품 속에서는 사랑하기 딱 좋은 나이가 10대이다.

강풀 만화 '그대를 사랑합니다', tvN 드라마 '디어 마이 프렌즈'에서는 아름답고 눈물 나도록 사랑하기 딱 좋은 나이가 70대 이상이다.

이처럼 사랑하기 딱 좋은 나이는 정해져 있는 것이 아니라 가슴이 살아 있는 한 언제든지 이루어지는 것이므로 사랑에는 나이가 있을 수 없다.

사랑은 이성의 상대에게 끌려 열렬히 좋아하는 마음으로 인간이 살아가면서 한평생 추구하고 갈망하는 것이다.

고대 철학자인 플라톤은 사랑을 미와 진리를 추구하는 욕망으로 정의하고, 아리스토텔레스는 사랑을 친구와 동반자의 관계로 설명하였으며, 프로이트는 사랑을 성적 본능과 자아의 발달로 분석하고, 프롬은 사랑을 인간의 기본적인 욕구와 자유의 표현이라고 했다.

성경에서는 사랑이란 언제나 오래 참고, 언제나 온유하며 시기하지 않으며 자랑도 교만도 아니하며, 무례히 행하지 아니하며, 자기의 유익을 구하지 아니하며, 성내지 아니하며, 악한 것을 생각하지 아니하며, 불의를 기뻐하지 아니하며, 진리와 함께 기뻐하고 모든 것을 참으며 모든 것을 믿으며 모든 것을 바라며 모든 것을 견디고 언제까지나 떨어지지 아니하는 것이라고 하였다.

노년기의 사랑은 긴 세월을 함께한 노부부의 지속적인 사랑과 이별, 사별 등으로 홀로 있는 노인들의 새로운 사랑으로 나누어 볼 수 있다.

스턴버그(1986)는 사랑이 친밀감, 열정, 결정 및 책임감이라는 세 가지 요소로 구성된다는 삼각형 이론을 제시하였다.[3] 이 연구 결과에 의하면 연령 변화에 따라 친밀감은 처음에는 꾸준히 증가하다가 점차 느리게 증가하고 마지막에는 감소한다. 열정은 빠르게 발달하다가 습관화가 되면서 감소한다. 책임감은 일반적으로 서서히 증가하다가 관계가 더 장기화되면 감소하게 된다. 하지만 결혼 기간이 30년 넘은 노년기 부부들은 다른 집단에 비해 친밀감, 열정, 책임감 모두 가장 높게 나타났다.

이런 결과에도 우리들은 노부부들의 사랑을 그저 희화화하면서 사랑의 감정을 느끼지 못하는 존재로 인식하는 경우가 많다.

---

3) www.think-sis.co.kr/22

한 예능 프로그램에서 노부부가 퀴즈를 내고 맞히는 장면이 있었다. 할머니가 할아버지에게 "우리 같은 사이를 뭐라고 하지?"라고 묻자 할아버지가 바로 "웬수"라고 답했다. 할머니가 "아니 4글자"라고 재차 설명하자 할아버지는 주저 없이 "평생 웬수"라고 답했다. 이 장면을 보고 모두 박장대소하면서 할아버지에게 정답인 "천생연분"을 알려주자 할아버지도 머쓱한 표정을 지으면서 웃으셨다. 평생 웬수라는 단어 속에는 할아버지가 할머니와 함께 살아온 세월 속에 감춰진 깊은 사랑의 감정이 있지 않을까 생각된다.

또한 노부부의 사랑에 대해 '맞고 시리즈'와 '질환 감별 시리즈'가 있다.

맞고 시리즈는 60대에 남편이 아내에게 밥 차려 달라고 하면 맞고, 70대에는 남편이 부인에게 어디 가냐고 물어보면 맞고, 80대에는 남편이 아침에 눈 떴다고 맞는다는 이야기다.

질환 감별 시리즈는 남편이나 아내가 상대를 보고 애교 섞인 목소리가 나오면 갑상선 질환을 의심해야 하고, 남편이나 아내가 갑자기 멋있어 보이거나 예쁘게 보이면 백내장을 의심해야 하고, 걷다가 남편이나 아내 쪽으로 몸이 기울면 관절염을 의심해야 하고, 남편이나 아내를 보고 가슴이 떨리면 부정맥을 의심해야 한다는 이야기이다.

이런 우스개 이야기 속에는 우리 사회가 노년기의 사랑을 부정적으로 바라보는 문화적 편견이 있다. 노인을 성적 무능력자로 보는 시각과 비록 성적 능력을 가지고 있다 할지라도 노인의 성에 대해 '주책이다', '나이 들어서 왜 저래?' 등 노인의 성은 추하고 부끄러운 것으로 인식하는 시각이 팽배하다.

하지만 노년기의 규칙적인 성생활은 노후를 건강하고 아름답게 보내는 활력소로 남성 노인에게는 전립선 질환, 여성 노인에게는 골다공증 예방에 도움을 주며, 건망증이나 치매도 억제한다는 보고도 있다.

1970년 일본의 산부인과 의사가 노인 400쌍을 대상으로 조사한 결과 60%가 75세까지 적어도 한 달에 한두 번은 부부관계를 하는 것으로 나타났다.[4] 그 당시 일본의 평균 수명이 75세 정도였기에 말 그대로 죽을 때까지 부부관계를 했다는 것이다.

우리나라는 2012년 보건복지부가 서울·경기 지역에 거주하는 65세 이상 노인 500명을 대상으로 실시한 노인의 성생활 실태조사에 따르면 현재 성생활을 한다고 답한 사람은 전체의 66.2%로 노인 3명 중 2명 이상이 지속적인 성생활을 영위하고 있는 것으로 나타났으며, 성생활을 하고 있는 노인 두 명 중 한 명(50.8%)은 발기부전 치료제를 사 본 경험이 있는 것으로 나타났다.

이 외 많은 연구에 의하면 노인은 연령 증가에 따라 성생활 빈도는 감소하지만 여전히 성생활은 노년기 삶의 한 부분이며 약 30~70%의 노인이 규칙적인 성생활을 하고 있고, 때로는 젊었을 때보다 더 적극적으로 즐기는 노인도 있는 것으로 조사되었다.

2002년 상영된 영화 <죽어도 좋아>는 70대 노인의 실제 이야기이다.

---

4) www.hidoc.co.kr/healthstory/news/coooooo15606

주인공들은 각자 배우자와 사별한 후 외롭게 하루하루를 연명하다가 공원에서 우연히 만나 첫눈에 반해 결혼식을 올리고 서로 알뜰살뜰 챙기면서 매일 밤 뜨거운 사랑을 나눈다.

박진표 감독은 이 영화에서 얼마 남지 않은 생의 마지막 언덕에서 꽃핀 절대 사랑, 이제 죽어도 좋을 만큼 여한이 없는, 아니 죽기엔 지금 이 순간이 너무도 절실한 사랑의 순간을 표현하고 싶었다고 했다.

또한 "그들은 이미 많이 늙었지만 그 누구보다 젊은 사랑을 하며 그들의 사랑은 평범한 듯 보이지만 아주 특별하고 아름다우며, 마음은 전혀 늙지 않았는데 자꾸 자꾸 몸만 늙어간다는 사실이 슬프긴 하지만 그래서 그들에게 있어 섹스는 곧 삶이고 인생이며, 지금 살아있다는 가장 확실한 증거이다"라고 했다.

노인들의 자연스러운 만남은 복지관이나 문화센터 등에서 이루어지지만 아무래도 노인 만남의 성지라고 하는 콜라텍에서 가장 많이 이루어진다고 볼 수 있다.

콜라텍은 1990년대 청소년들이 춤을 즐기는 공간이었지만 지금은 노인들이 트로트, 락앤롤, 디스코, 라틴, 발라드 등의 음악에 맞춰 사교춤(지르박, 브르스, 도르트 등)을 즐기는 공간으로 전국적으로 많이 운영되고 있다. 서울 종로구에 위치한 콜라텍은 하루 1,000여 명이 이용할 정도로 붐비고 있다고 한다.

콜라텍을 이용하는 주목적이 이성 간의 만남이기 때문에 노인들은 외모에 굉장히 신경을 쓴다. 남자 노인은 중절모에 정장을 입고, 여자 노인은 진주 목걸이와 진주 귀걸이를 착용한 투피스 차림 등의 패셔니스타들이 많다.

콜라텍은 춤을 추는 공간만 있는 것이 아니라 식사와 음주 등을 할 수 있는 식당이 별도로 있어 춤을 추면서 친밀감을 높인 노인들은 식당에서 함께 먹고 마시면서 마음을 확인한다. 이후 마음이 맞으면 2차로 인근 카페나 노래방, 영화관 등으로 이동한다고 한다.

노인복지관에서도 사회교육 프로그램인 스포츠 댄스, 건강 체조, 탁구, 배드민턴 프로그램 등에서 자연스럽게 남녀 파트너가 정해진다.

대부분 노인복지관이 남자 노인보다 여자 노인이 많이 이용하기에 스포츠 댄스나 건강 체조 등 파트너가 필요한 프로그램에서는 성별이 맞지 않아 동성끼리 파트너가 된 노인들의 민원이 많이 발생한다.

프로그램에서 파트너 선정은 처음에는 강사에 의해 임의적으로 정해지지만 하다 보면 자연스럽게 서로의 끌림에 의해 파트너가 최종 결정되기에 담당자가 굉장히 곤란한 경우가 있다. 이러한 불만을 제기하는 노인을 보면 마치 학창 시절 짝사랑하던 친구와 짝이 되지 못한 서운함이 얼굴에 그대로 투영되어 있는 것 같아 안타깝기도 하고 그 모습이 순수해 보이기도 한다.

예전 MBC '사랑의 스튜디오'라는 젊은 미혼 남녀 만남 프로그램이 큰 인기가 있었다. 지금의 SBS Plus '나는 솔로'와 같은 맥락의 프로그램이다.

그 당시 MBC '사랑의 스튜디오'를 보면서 우리 사회에서 젊은 남녀를 위한 프로그램은 공중파뿐만 아니라 현실에서도 다양한 만남의 이벤트들이 많은데 노인을 위한 만남의 프로그램은 왜 없을까라는 생각에서 노인복지관에서 '내 눈에 콩깍지'라는 프로그램을 기획하고 진행한 적이 있었다. 당시 노인의 만남을 주선하는 공식적인 행사 등이 없었기에 기업의 후원을 받아 두 군데 노인복지관에서 남녀 어르신 각 10명씩 총 20명을 모시고 '사랑의 스튜디오'와 '나는 솔로'와 같은 컨셉으로 진행하였다.

처음에는 노인들이 정말 신청할까? 어느 정도 신청할까? 걱정이 많았다. 아니나다를까 하루 이틀 지나도 신청자가 아무도 없었다. 기업에서 후원까지 받은 입장에서 이를 어쩌나 하고 걱정이 이만저만 아니었다.

친한 노인들에게 개별적으로 접촉하여 신청하지 않는 이유를 물어보니 마음은 신청하고 싶은데 '쑥스러워서', '부끄러워서' 서로 눈치만 보고 있다고 한다.

뭔가 특단의 조치가 필요했다. 마냥 눈치만 보시니 이러다가는 참가자를 모집할 수 없을 것 같아 포모 전략을 사용하기로 했다.

포모(FOMO, Fear Of Missing Out)는 '놓치거나 제외되는 것에 대한 두려움' 또는 '자신이 해보지 못한 가치 있는 경험을 다른 사람이 실제로 하고 있는 것 또는 정확히 확인되지 않았지만 그렇게 보이는 상황에 대한 막연한 불안감'에 대해 묘사할 때 주로 사용하는 용어로 FOMO 마케팅 전략은 소비자들이 어떤 기회를 놓치게 될 경우 느끼는 불안이나 놓치지 않기 위한 욕구를 활용하는 전략이다. 이 전략은 제한된 기간 동안의 특별한 혜택이나 한정된 수량의 상품에 대한 접근을 강조하여 소비자들에게 긴장감을 유발하고 제품 또는 서비스를 놓치지 않도록 유도한다.

'마감 임박. 내 눈에 콩깍지 참여자 이제 2자리 남았습니다. 빨리 서두르세요'라는 문구의 홍보지를 곳곳에 부착하고, 몇몇 노인에게 입소문을 내도록 부탁하였다.

이렇게 홍보하자 4일째 드디어 마음을 숨기고 있던 노인들이 대거 접수하는 사태가 발생하였다. 늦게 접수하신 노인들에게는 신청이 마감되어 일단 후보자로 올려놓고 연락하겠다고 하니 꼭 참석할 수 있도록 해 달라고 부탁까지 한다.

행사 당일 '내 눈에 콩깍지' 프로그램에 참석한 노인들을 보면서 깜짝 놀랐다. 평소와는 다르게 세련된 머리 스타일이며 너무 화려하지 않고 은은하면서 멋지게 화장한 모습의 정말 멋진 노신사와 노숙녀로 변신하였다.

전문 MC가 진행하는 자기소개 시간에는 어찌나 말들을 재미있게 하는지, 개인기는 또 왜 그리 잘 준비해 왔는지 정말이지 평소에 알고 있던 분들이 아니었다. 어떻게 저런 끼를 숨기고 지금까지 생활하고 계셨을까 하는 생각이 들었다.

그날은 정말 아름답고 화려했던 젊은 날로 되돌아가 신나고 유쾌하게 즐기는 모습이 너무나도 멋져 보였다.

이날 프로그램을 통해 모든 참여자가 커플로 이루어지지는 않았다. 커플로 이어졌든 아쉽게 커플이 되지 않았든 그건 상관이 없었다. 그저 인생 마지막 단계에 새로운 만남을 통해 서로의 마음을 확인하고 본인의 청춘에 대한 열정이 식지 않았음을 느끼는 것만으로도 충분했던 시간이었다.

2022년 통계청의 혼인·이혼 통계 자료에 의하면 모든 연령대에서 혼인 건수가 줄고 있지만 60세 이상만은 늘고 있는 역주행 현상이 나타나고 있다. 전체 이혼 건수는 전년 대비 8.3% 감소하였고, 65세 이상 남자와 여자의 이혼은 각각 8.5%, 4.4% 감소한 것으로 나타났다.

2022년 전체 재혼 건수는 남자는 0.5% 증가, 여자는 1.7% 감소하였고, 65세 이상 남녀의 재혼은 각각 4.3%, 8.5% 증가하였다. 하지만 노년층은 혼인신고를 하지 않은 채 여생을 함께하는 경우가 많아 사실혼을 포함한다면 그 수는 더 많을 것으로 추정한다.

2016년 국민건강보험공단 발기부전 진료비 내역을 보면 2012년에 비해 32% 증가하였고, 이 중 60대 이상 환자의 비율이 23.6%인 것으로 나타났다.

이러한 사회적 변화에도 노인의 재혼은 가족들의 반대로 인해 쉽지 않다. 가족들이 반대하는 이유는 노년기 재혼의 경우 상속권, 재산분할, 친족관계, 부양의무 등에 관한 법적 지원이 필요하며 이에 따른 법적, 경제적, 사회적 문제가 발생할 수 있기 때문이다.

초고령사회에서 노년기 이성 교제는 자연스러운 현상으로 오히려 성병 예방, 성폭력 방지, 성매매 근절 등에 관한 보건의료적 지원과 더불어 노년기 사랑의 권리와 존중을 위한 사회적 분위기 조성이 필요할 것이다.

6) 노인의 죽음

모든 생명은 유한한 존재로 반드시 소멸의 과정을 거치게 된다. 신체적으로 노화되어 가는 과정을 보면 30세부터 심장의 힘이 약해지고 40세부터는 근육이 탄력성을 잃으며, 50세부터는 뼈의 밀도가 낮아지고, 60세부터는 평균적으로 치아의 1/3이 빠지고, 70세부터는 두개골 속의 뇌가 줄어든다고 한다.

인류는 생명을 갖고 태어나고 죽어가는 과정을 거듭하면서 발전해 왔다. 성경에도 영원히 죽지 않고 불멸의 삶을 살아온 사람은 없으며 가장 오래 산 사람인 므두셀라의 수명이 969세였다.

이처럼 주어진 생명을 잘 누리고 자연스럽게 소멸되어 가는 것이 축복이므로 인생의 마지막 단계인 노년기의 삶을 더 잘 마무리해야 한다. 하지만 노년기까지 삶을 누리지 못하고 여러 불미스러운 일로 인해 안타까운 죽음을 맞이하는 경우도 있다. 우리 사회에서 하루에 안타깝게 죽어가는 사람들의 죽음을 숫자로 나타내면 1, 5, 13, 37이다.

'1'은 오늘 하루 타살로 인한 사망자 수이고, '5'는 오늘 하루 산업재해로 사망한 노동자 수이고, '13'은 오늘 하루 교통사고 사망자 수이고, '37'은 오늘 하루 자살로 생을 마감한 사망자 수이다.

2021년 통계청이 발표한 2020년 사망 원인 통계에 따르면 2020년 자살률(인구 10만 명당 자살 사망자 수)은 80대가 62.6명으로 월등히 높았고, 이어 70대(38.8명), 50대(30.5명), 60대(30.1명) 순으로 고령의 노인이 많다.

노년기를 잘 마무리해야 함에도 불구하고 어떠한 이유로 스스로 목숨을 끊어 생을 마감하는가에 대한 분석을 통해 대책과 사회적 관심이 절실히 필요하다.

다양한 질환과 질병 등으로 삶을 마감할 때에도 자연스러운 이별을 하지 못하는 경우가 있다. 유족 중에는 이런 안타까운 이별을 수용하지 못하고 미래 과학기술을 통해 삶의 영속성을 이어 나가기 위해 시신을 냉동 보존하는 방법을 선택하는 경우도 있다.

'냉동보존술(Cryocics)'은 1960년대 초반 미국 물리학자 로버트 에틴거가 최초로 냉동·해동 과정에서 세포 손상을 막을 경우 인체 냉동 보존이 가능하며 의료기술이 발전한 미래에는 냉동된 인체를 해동·소생해 치료할 수 있다고 밝히면서 주목받았다.

현재 전 세계적으로 약 600여 명이 냉동인간으로 보존되어 있으며, 이 중 우리나라 사람도 2명 포함되어 있다고 한다. 또한 사후 냉동 보존 서비스를 예약한 사람도 약 3,000명 정도이다.[5)]

이러한 것은 인간이 죽음을 거부하는 불로장생에 대한 끝없는 욕망에 대한 허무한 욕심이 아닐까라는 생각

---

5) www.health.chosun.com/site/data/html_dir/2021/10/14/2021101401379.html

이 든다.

예전부터 불로장생을 꿈꾸고 그 시대에 가장 좋은 방식과 방법을 총동원하여도 끝내 그 꿈을 이룬 사람은 아무도 없었다.

죽고 산다는 것은 인간의 영역이 아닌 신의 영역으로 인정하고 주어진 삶을 행복하게 살다가 행복하게 마무리하는 방법을 찾아보는 것이 더 현명할 것이다.

보건복지부의 2020년 노인실태조사에 의하면 65세 이상 노인 1만 97명을 대상으로 설문한 결과 생애 말 좋은 죽음(복수응답)으로 '가족이나 지인에게 부담을 주지 않는 죽음'이 90.6%, '신체·정신적 고통 없는 죽음'이 90.5%, '스스로 정리하는 임종'이 89.0%, '가족과 함께 맞는 임종'이 86.9%로 나타났다.

노인들 사이에는 "9988123"이라는 구호가 있다. 99세까지 팔팔(88)하게 살다가 하루이틀(12) 앓고 3일째 고통 없이 죽음을 맞이하고 싶다는 바람이다.

가수 이애란의 <백세 인생> 노래 가사를 보면 60세에 저 세상에서 날 데리러 오거든 아직은 젊어서 못 간다고 하고, 70세는 할 일이 아직 남아 못 간다고 하고, 80세는 아직은 쓸만해서 못 간다고 하고, 90세는 알아서 갈 테니 재촉 말라 하고, 100세는 좋은 날 좋은 시에 알아서 간다고 할 만큼 우리 사회는 죽음을 자연스럽게 수용하는 문화가 있다.

하지만 도시화 산업화로 인해 임종의 의료화, 죽음의 상업화로 죽음을 자연스러운 현상이 아닌 치료를 통해 극복할 수 있는 것으로 착각하여 많은 사회적 문제가 발생하고 있다.

임종의 의료화는 죽음의 과정이 의료적으로 관리되는 것으로, 임종이 가까워지면 응급실로 이송되어 중환자실에서 연명의료 등 갖가지 튜브를 온몸에 장착한 채 의료적 처치를 받다가 고립된 상태로 죽음을 맞게 되는 것을 의미한다.

죽음의 상업화는 고인의 장례 의식이 상조업체와 장례식장으로 외주화되는 상업화된 현상으로 현재 고인의 삶에 대한 회고와 상실에 대한 애도를 통해 산 자가 죽은 자를 떠나보내는 의식이라기보다는 유가족들의 체면치레와 주검을 처리하는 하나의 형식적인 절차로 이루어지는 것을 의미한다.

전통사회에서는 죽음이 임박하면 집에서 가족에게 둘러싸여 임종을 맞이하였지만 지금은 바로 병원 응급실로 이송한다. 이러한 임종의 의료화로 인해 야기되는 연명의료는 생의 마지막 결정과 관련된 자기 결정권 이슈와 함께 인간의 존엄한 죽음에 대한 윤리적·법적 논란을 야기하고 있다.

1997년 보라매병원 사건은 환자가 뇌출혈로 중환자실에 입원하였지만 보호자의 요청에 의해 환자 치료를 중단하고 퇴원시켜 사망한 사건이다. 이로 인해 담당 의사들이 살인죄로 유죄 판결을 받은 이후 의사들이 환자의 인공호흡기를 제거하는 행위를 꺼리는 풍토가 생겼다. 하지만 인공호흡기를 착용하게 되면 감염증이나 폐 손상 위험이 높기 때문에 되도록 기계호흡의 강도를 낮추어 자발호흡 여부를 관찰하면서 가능하면 지체

없이 인공호흡기를 제거하는 것이 표준이라고 한다.

이 사건이 우리 사회의 연명치료에 대한 사회적 논의를 촉발했다면 2009년 세브란스병원 김 할머니 사건은 우리 사회에서 존엄사를 인정한 첫 번째 사건이다. 이 사건 이후 환자나 가족의 요청이 있을 경우 인공호흡기 등 연명치료를 중단할 수 있는 연명치료 중단 지침이 만들어졌다.

긴급한 응급 상황에 놓인 가족이 병원으로 이송되면 보호자는 의료적 지식 부족으로 인해 현재 치료가 필요한지, 필요하다면 어디까지 허용해야 하는지 등을 결정할 수가 없기 때문에 의료진의 결정에 따를 수밖에 없다.

하지만 의료진은 의학적으로 최선을 다하기 위해 의미 없는 과잉 진료를 할 수밖에 없는 것이 현재 우리나라 의료시스템의 문제이기도 하다.

우리나라 의학 드라마에서 한번씩 나오는 장면이 의사가 심폐소생술(CPR)을 하여 극적으로 사람을 살리는 모습이다. 하지만 2003년에서 2013년 10년간 병원 내에서 심폐소생술로 환자가 생존할 확률은 11%밖에 되지 않고 80세 이상의 심폐소생술 후 1년 생존율은 0.8~3.7%이다.

심폐소생술은 체중을 실어 빠른 속도로 흉부를 강하게 압박하는 만큼 노인의 경우 갈비뼈 골절에서부터 간, 비장 등의 복부 장기 파열 등의 후유증이 발생한다. 하지만 이 후유증보다도 더 무서운 것은 일시적으로 심폐기능이 회복되는 순간 바로 연명치료를 하게 되는 것이다.

의식도 없는 상태에서 인공호흡기에 의지하면서 중환자실에서 기약 없는 치료를 이어가게 되면 존엄한 죽음과는 멀어지게 된다.

병원 내 사망 중에서 중환자실에서 무의미한 연명의료를 받다 맞이하는 죽음이 가장 나쁜 축에 속한다고 한다. 그 이유는 중환자실에서의 죽음은 인공호흡기 등에 의존해 매우 고통스럽고, 또한 외부와 격리된 채 의식도 없는 상태로 죽게 되어 가족과 차분히 대화하면서 죽음을 맞는 과정 자체가 없기 때문이다.

그래서 간호학대사전에는 “중환자실은 외과계, 내과계 환자를 불문하고 중증환자를 한곳에 모아 중점적으로 치료하는 장소로 국소적 치료보다는 오히려 전신 관리가 주체가 되는 환자가 대상이다. 그리고 급성 증상에서 강력하고도 집중적인 치료에 의해 회복의 가망이 있는 환자를 수용하는 곳이기에 만성질환으로 증상이 진전되어 여명이 얼마 남지 않은 환자를 들여보내는 곳은 아니다”라고 정의하고 있다.

하지만 우리나라 중환자실 운영 실태는 간호학대사전에 나오는 것과는 다르다. 건강보험심사평가원의 중환자실 입원환자 건강보험 진료 통계를 보면, 2020년 중환자실 입원환자 중 65세 이상이 56.7%로 절반 이상을 차지했다. 65세 이상 입원자의 40.6%는 80대 이상이었고, 80세 이상 환자의 중환자실 입원율은 2002년 7.3%에서 2013년 23.1%로 3배 증가하였다.

의료기술이 지속적으로 발달함에도 불구하고 2003년부터 2014년까지 중환자실 입실 환자의 생존율은 64~66%로 크게 향상되지 않았고 2012년 기준 연령대별 생존율은 20~30세 83%, 40~59세 76%, 60~70세 65%, 80세 이상 44%이다.

현재와 같이 생존율이 낮은 고령의 환자가 중환자실을 많이 차지하게 되면 정작 생존율이 높은 위급한 환자들이 이용을 하지 못하는 현상이 발생하여 살릴 수 있는 생명을 살리지 못하게 된다. 또한 노인의 사망 전 한 달간 의료비가 이전 1년 월평균보다 2.5배 이상인 것으로 조사되어 가계의 막대한 경제적 부담 및 사회적 비용도 많이 발생하고 있음을 알 수 있다.

다행히 증상이 호전되어 중환자실에서 일반 병실로 이동하게 된다 하더라도 우울증 등을 동반한 '중환자실 증후군'에 시달리기도 하며 간병과 관련된 문제가 발생한다.

중환자실 증후군은 중환자실에서의 인공호흡기 착용으로 기도가 손상되는 것뿐만 아니라 기계가 숨을 불어넣고 빨아들이는 일방적 패턴에 환자가 맞추지 못하면 심한 기침으로 기관지에 상처가 나기 때문에 진정제를 투여해 자발호흡을 억제하기 때문에 발생한다.

또한 병실에서 24시간 울리는 기계음, 늘 켜져 있는 조명 등 외부 자극이 많아 숙면하지 못하고 악몽에도 많이 시달리게 된다. 호흡기를 달아도 때때로 호흡곤란이 오고, 같은 병실에 있는 다른 환자가 사망하기라도 하면 '나도 저렇게 될지 모른다'는 불안감에 시달리고 환청을 듣거나 헛것을 보는 '섬망'을 겪기도 한다.

중환자실에서 일반병실로 이전되면 환자 간병을 위해 병원에서 간호간병통합병동을 운영하고 있지만 대부분 병원들이 중증환자보다는 경증환자 위주로 병동을 운영하여 중증환자들은 개별 간병인을 고용할 수밖에 없다.

한국의료패널에서 사적 간병 이용률을 확인한 결과, 2008년에서 2018년까지 입원 환자의 절반 이상인 61.2~70.1%가 입원 기간 동안 사적 간병을 이용하였다고 한다. 사적 간병 이용으로 인해 지출된 간병비 규모를 보면 2014년 5조~6조 8천억 원 수준에서 2018년 6조 9천억~8조 원으로 추정되고 있다.

2023년 기준 간병비의 경우 보통 24시간 기준 13~15만 원으로 월 400만 원 정도로, 노인을 돌보는 가정의 경제적 부담이 엄청 높아 간병 살인이라는 또 다른 사회적 문제까지 발생하고 있다.

간병인은 24시간 병실에서 상주하면서 환자의 식사 보조, 약물 복용, 세안 및 세발, 대소변 처리 등을 보조하고 있다. 특히 고령 노인의 경우 음식물을 식도가 아닌 기도로 넘길 우려가 있거나 소화 기능이 떨어져 섭취할 수 없을 경우 코로 영양을 공급하는 레빈 튜브를 삽입하여 유동식으로 식사 지원을 한다. 하지만 환자가 갑갑함을 느끼고 이를 떼어내려고 하여 부득이하게 손을 결박하는 경우가 많다.

의식 없이 누워만 있는 환자도 이런 식으로 영양을 투여받으며 생명을 이어가고, 레빈 튜브 삽입이 어려운 환자는 위에 구멍을 뚫고 위루관을 삽입하여 영양을 공급하면서 연명치료를 이어가게 된다.

이제 중년이 되니 친구와 지인들의 부모님이 연로하여 사망하는 경우가 많아 문상을 자주 가게 된다. 상가(喪家)에서 이런저런 이야기를 나누다 보면 가족들 스스로 죽음에 대한 수용과 준비가 잘 되어 있지 않아 마지막 선택에 대해 후회하는 경우를 종종 듣게 된다.

친구 어머님은 여러 가지 만성질환으로 평소 건강이 좋지 않았고 편마비로 인해 거동도 많이 불편하였다. 그날은 침대에서 내려오다가 그만 넘어지면서 머리를 부딪혀 쓰러져 있는 것을 아버님이 늦게 발견하고 119를 통해 병원으로 급히 이송하였다고 한다.

의사는 뇌출혈이 심한 상황에서 수술을 해도 생존 확률이 그다지 높지 않고 생존하더라도 예후가 좋지 않을 것이라고 하였다. 하지만 수술을 하지 않으면 지금 할 수 있는 것은 아무것도 없다면서 수술 여부를 결정하라고 독촉했다고 한다.

친구는 아버님이 전화로 말씀하신 자초지종을 듣고 고민을 하였다고 한다. 생존 확률이 0%가 아닌 이상 자식된 도리로서 평생 가슴에 한(恨)이 남지 않기 위해 마지막 기적이라는 지푸라기도 잡아야 하지 않을까라는 생각으로 수술에 동의했다고 한다.

하지만 수술 후 중환자실에서 하루도 넘기지 못하고 어머님은 사망하였고 장례 절차에 따라 입관 의식에서 어머님의 마지막 모습을 보고 오열하였다고 한다.

수술을 위해 머리를 다 잘라서 평소 고왔던 머리는 간데없이 어머님의 마지막 모습이 민머리의 처참한 모습이라는 것이 너무 슬프고 가슴이 아파 수술에 동의한 것을 매우 후회한다고 했다.

만약 수술에 동의하지 않아도 결국에는 후회할 수밖에 없는 상황이었기에 이런 긴박한 선택의 순간에는 환자 당사자의 존엄을 먼저 생각하고 선택할 수 있도록 평소 가족들과 함께 죽음에 대해 많이 논의해야 할 것이다.

평소 존엄한 죽음에 대해 가족들과 함께 충분히 이야기를 나누어 마지막에 집에서 임종을 맞는 장례 절차를 진행하더라도 현실적으로는 후속 처리 과정에서 가족들이 어려움을 겪는 경우가 많이 있다.

가정에서 임종을 하게 되면 일단 경찰서에 신고를 해야 한다. 신고 이후에는 경찰서에서 해당 사실을 파악하기 위해 형사를 파견하여 사고사(事故死)인지 외인사(外因死)인지 확인하기 위해 가족을 대상으로 조사를 하게 된다.

이때에 경찰의 입장에서는 당연한 절차이겠지만 유가족들은 인권을 침해당하는 느낌을 받을 수 있다. 조사 과정에 참여한 유족은 사랑하는 가족의 사망으로 슬프고 힘든 상황에서 잠재적 범죄자 취급을 받는 것 같은 느낌에 심적 어려움을 겪게 된다. 유가족들이 이런 느낌을 받지 않도록 경찰의 세심한 배려가 필요할 것이다.

현대사회는 너무나 복잡하고 다변화되면서 세대 구성이나 삶의 방식이 많이 달라진 만큼 가정에서 가족들이 다 함께 지켜보는 가운데 임종을 맞기는 힘든 상황이다. 노인 세대는 자립생활이 어려워지면 요양시설로 갈 수밖에 없고, 노환도 병으로 인식하여 치료해야 하는 시대이다. 통계청의 2020년 발표에 따르면 대한민국 국민의 75%가 병원에서 죽음을 맞고 있다고 한다.

결국 우리가 임종을 맞이하는 마지막 장소는 병원일 수밖에 없기에 존엄한 죽음을 위한 병원 시스템의 변화가 필요하다.

우리나라 의료법상 의료기관은 의사 개인 또는 비영리법인에서 설립하여 운영하기에 수익을 창출하기 위한 투자 및 운영에 비중을 두고 있다.

중환자실을 두고 집중 치료를 하고 고가의 장비를 구축하여 많은 수술을 하는 데만 관심이 있다. 존엄한 죽음을 위해 가족과 함께 마지막 시간을 보낼 임종실 설치에는 관심이 없다. 그래서 병원에서 사망할 경우 가족들은 고인의 마지막 모습을 보지도 못하고 고인을 바로 장례식장으로 옮겨야 한다.

이런 현상을 빗대어 '죽음의 산업'이라고 한다. 2023년 통계청 자료에 의하면 2022년 우리나라 사망 원인은 악성신생물(암), 심장 질환, 코로나19, 폐렴, 뇌혈관

질환 순으로 나타났으며 이 중 악성신생물(암)으로 인한 사망자가 22.4%로 나타났다. 암 종류 중에서는 폐암, 간암, 대장암, 췌장암, 위암 순으로 사망자가 많았다.

암 환자들은 대형병원에서 치료를 받으면서 마지막 순간을 맞이할 확률이 높은데도 불구하고 이들의 존엄한 죽음을 위한 호스피스 병동이나 임종실 설치에는 소극적이다. 하지만 장례식장을 화려하게 증축하는 데는 적극적이기에 병원을 죽음의 산업이라고 한다.

호스피스와 완화의료는 생명을 위협하는 질환을 가진 환자의 신체적 증상을 적극적으로 조절하고 환자와 가족의 심리 사회적, 영적 어려움을 돕기 위해 의사, 간호사, 사회복지사 등으로 이루어진 호스피스·완화의료 전문가가 팀을 이루어 환자와 가족의 고통을 경감시켜 삶의 질을 향상시키는 것을 목표로 하는 의료 서비스이다. 우리나라는 2023년 4월 기준으로 의원에서 상급종합병원까지 총 89개소 1,530병상밖에 운영하고 있지 않다. 또한 호스피스 병동의 최대 이용 기간은 60

일이며, 2020년 기준 평균 27.6일 이용한 것으로 나타났다.

영국의 경우 암 말기 환자의 90% 이상이 호스피스를 이용하지만 우리나라는 2017년 20%를 겨우 넘겼고 2021년에는 21.5%만이 호스피스 서비스를 이용하였다.

이는 호스피스와 완화의료에 대한 홍보와 이해가 부족해서 여전히 '죽으러 가는 곳'이라는 부정적 인식이 높고 호스피스 병동이 정부가 운영하는 공공병원과 종교재단 병원에 집중되어 있는 것도 큰 이유이다.

이와 같이 우리나라는 존엄한 죽음을 준비하는 데 있어 호스피스와 완화의료 시설의 부족과 마지막까지 치료를 포기하지 않아 중환자실에서 삶을 마감하기에 죽음의 질이 나쁠 수밖에 없다.

삶의 마지막 순간까지 끝까지 죽음을 외면하고 목숨을 연명하기 위해 살아 있어도 죽은 것 같은 삶을 선택하지 않기 위해서는 연명치료 거부에 대한 사전 조치를 해 두어야 한다.

2016년 「호스피스·완화의료 및 임종 과정에 있는 환자의 연명의료결정에 관한 법률」이 통과되어 지금은 국민건강보험공단이나 사전연명의료의향서 등록기관을 방문하여 사전연명의료의향서를 작성하면 된다.

사전연명의료의향서는 우리나라 19세 이상인 사람이 자신의 연명의료 중단 등 결정 및 호스피스에 관한 의사를 직접 문서로 작성하는 것이다.

유럽은 현재 불치병 고통에서 벗어나 존엄하게 죽을 권리에 대한 관심이 높아지고 있다. 삶의 기본인 호흡, 식사, 배변 등을 제대로 할 수 없는 상황이 왔을 때 연명하지 않고 인간으로서 존엄하게 죽을 권리를 보장해야 한다는 사회적 합의가 시작되고 있다.

존엄한 죽음을 완성하기 위한 마지막 단계는 장례 절차이다. 우리의 전통적 장례문화는 가족, 친지, 지인 등이 모여 고인(故人)을 그리워하며 함께 슬픔을 나누고 위로하고 화합하는 장으로서, 임권택 감독의 영화 <축제>에서 볼 수 있듯이 죽은 자와 남은 자를 위한 것이다. 하지만 지금은 전통적인 자본주의적 속성과 인간의 다양한 이기적 욕망으로 고인을 추모하는 것보다는 유족들의 편의에 따른 그저 하나의 절차에 불과할 뿐이다.

이제 죽음의 현실을 바라보는 차분하고 성숙한 문화가 필요한 만큼 사후돌봄에 관한 의사결정들은 가족 간의 이해관계보다는 고인의 평소 가치나 기대에 기초하여야 할 것이다.

필자가 근무했던 법인 이사 중 한 분은 한평생 소탈하고 철저한 믿음 생활을 하면서 사시다가 92세로 세상을 떠났다.

평소 당신이 겪은 일제 강점기 만주에서 생활한 어린 시절부터 북한 평양에서 생활한 이야기 그리고 6·25 전쟁으로 부산으로 피난 내려온 과정 등의 현대사를 들려주시곤 하였다. 그 시절 인텔리(intelligentsia)하여 다양한 사회활동과 믿음 생활 등을 통해 사회 각계각층의 많은 분들을 알고 있었지만, 너무나도 검소한 삶을 살아온 만큼 마지막 본인의 장례도 검소하게 무빈소 장례를 원하셨다고 한다.

이사님이 소천하시고 별도 장례 절차가 없다는 소식을 듣고 처음에는 매우 당황스러웠다. 하지만 유족들이 고인의 뜻에 따라 빈소는 차리지 않지만 입관 전 마지막 인사 자리를 마련한다고 하여 장례식장을 찾았다. 일반적인 장례는 빈소에 차려진 영정 사진을 보고 추모를 하는데 빈소가 없는 무빈소 장례는 관에 누워 계시는 고인의 모습을 직접 보면서 추모하였다.

이사님은 무빈소 장례뿐만 아니라 수의도 일반적인 모시 수의가 아닌 평소 입으시던 양복을 고집하셨다. 양복을 수의로 입고 누워 있는 고인의 모습을 보니 정말 평소 모습 그대로 평온히 잠들어 계시는 것 같았고 그런 모습으로 마지막 작별 인사를 하니 영정 사진을 보고 추모하는 것과는 느낌이 많이 달랐다.

이런 새로운 장례문화를 보니 가족들이 고인을 추모하면서 차분히 슬픔을 달래기보다는 문상객 접대를 위해 분주히 움직이다가 장례 예식을 모두 마친 후 비로소 슬픔이 배가 되어 힘들어하는 것보다는 좋겠다는 생각이 들었다.

우리는 본인이 마지막 존엄한 죽음을 맞고 싶어도 강제로 병원으로 옮겨지고, 의미 없는 연명치료를 통해 죽음의 선언이 미루어지고 있는 현실이지만 현재 장례의 방식과 절차에 대해 새롭게 접근하고자 하는 사람들이 증가하고 있다.

장례는 죽은 사람을 추모하는 절차이지만 살아 있는 마지막 순간에 서로 인사하고 위로하면서 작별하는 생전 장례식을 원하는 사람들도 있다.

생전(生前) 장례식은 자신이 살아 있는 동안에 자신의 장례를 치르는 것으로, 그동안 신세를 졌던 가족이나 친구, 지인을 초대하여 직접 감사의 마음을 전하면서 함께 마지막으로 즐거운 시간을 보내는 것이다.

2018년 9월 취업포털 커리어가 직장인 370명을 대상으로 '생전 장례식'에 대한 설문조사를 한 결과 직장인 10명 중 7명이 '생전 장례식에 대해 긍정적으로 생각한다'고 답했다. 이들은 "죽기 전 슬프지 않은 분위기에서 많은 사람과 작별하고 싶어" 했다.

이희호 여사도 "죽고 나서 장례 지내면 뭐하나? 살아 있을 때 작별인사 해야지"라며 검은 옷 대신 평소 입던 옷을 입고 지인들과 노래하고 대화를 나누었다고 한다.

2018년 8월 14일 말기 암 환자 김병국 님은 생전 장례식을 개최하면서 부고장인 초청장을 다음과 같이 발송했다.

> "저 김병국은 85세입니다.
>
> 전립선암으로 병원생활을 한 지 일 년이 넘었습니다.
>
> 병세가 완화되기보다는 조금씩 악화되고 있습니다.
>
> 전립선암이 몸 곳곳에 전이가 되었습니다.
>
> 소변 줄을 차고 휠체어에 의지하고 있습니다만 정신은 아직 반듯합니다. 죽지 않고 살아 있을 때 함께하고 싶습니다.

제 장례식에 오세요.

죽어서 장례는 아무 의미가 없습니다.

여러분의 손을 잡고 웃을 수 있을 때 인생의 작별 인사를 나누고 싶습니다.

감사의 인사를 전하고 싶습니다.

화해와 용서의 시간을 갖고 싶습니다.

고인이 되어서 치르는 장례가 아닌 임종 전 가족, 지인과 함께 이별 인사를 나누는 살아서 치르는 장례식을 하려고 합니다.

검은 옷 대신 밝고 예쁜 옷 입고 오세요.

같이 춤추고 노래 불러요.

능동적인 마침표를 찍고 싶습니다."

3
노인 세대가 달라진다

3

노인 세대가 달라진다

인간은 유아기 - 아동기 - 청소년기 - 청년기 - 중년기 - 장년기 - 노년기의 발달 단계를 거치게 된다. 기대수명이 짧았던 예전에는 노년기에 대한 관심이 매우 적었지만 현대사회에서는 기대수명과 건강수명이 높아짐에 따라 노후 생활에 대한 준비와 대책이 많이 중요해졌다.

현재 역연령 기준으로 노인을 65세부터로 정의함에 따라 100세 시대를 맞이하여 약 35년이라는 시간을 노년기로 보내야 한다.

노년기가 길어짐에 따라 부모와 자식이 함께 노인을 맞이하는 등 노인에 대한 새로운 구분과 세부적 분류의 필요성이 대두되고 있다.

전 세계적으로 만 65세로 노인의 연령을 기준 삼은 것은 무려 130여 년 전이다. 1889년 독일 비스마르크 재상이 세계 최초로 연금제도를 마련하고 65세 이상 노인에게 지급하게 됨에 따라 시작되었다.

고령화사회가 되면서부터 일부 학자들이 노년기에 대한 세부적 구분이 필요하다면서 노인을 초기 노인(young-old), 중기 노인(middle-old), 말기 노인(old-old)으로 나누기도 한다.

유엔에서는 2015년 80세 이상부터 노인으로 보자는 파격적인 제안을 하기도 했다.

유엔의 새로운 연령 구분에 따르면 18~65세는 일괄적으로 '청년(Youth)'으로 분류하고, 66~79세 연령대는 '중년(Middle)'이다. 80세가 넘어서야 비로소 '노인(Old)'이고, 100세를 넘으면 '장수 노인(Longlived elderly)'이라고 칭한다. 이는 전 세계 인류의 체질과 평균 수명 측정

결과를 토대로 연령 분류의 새로운 표준을 제시한 것이다.

2025년 초고령사회로 진입하는 우리나라도 노인 세대에 많은 변화가 생기고 있다. 해방 이후 세대인 1955~1963년생 제1차 베이비부머 세대가 노인 세대로 진입함에 따라 기존 노인 세대와는 확연한 차이가 나타나고 있다.

베이비부머 세대는 우리나라 현대사의 중심에 있었던 세대로 정치적으로 5·16 쿠데타, 10월 유신, 5·18 광주 민주화 운동, 6월 민주화 항쟁을 겪으면서 군부독재, 문민정부, 국민의 정부, 참여정부 시대를 만들어냈다.

경제적으로는 경제개발 5개년 계획, 새마을 운동, 원유 파동, 수출 100만 불 달성, 금융실명제, OECD 가입, 제1차 외환위기, 부동산 투기, 월드컵 개최 등을 겪으면서 농경사회, 산업사회, 정보화사회, IT사회를 살아가고 있다.

사회적으로는 시대적 트렌드를 주도한 세대로 외모적으로 장발과 청바지와 미니스커트를 유행시켰고, 음악적으로 트로트, 슬로우록, 폴카, 맘보, 트위스트 등의 다양한 장르를 즐겼다.

통기타, 생맥주, 음악 다방과 음악 감상실 등의 새로운 문화를 주도하였으며, 문학적으로는 최인호, 이문열, 김홍신 작가 등의 등장으로 한국 대중 소설 전성기를 주도하였다.

영화는 홍콩 느와르라는 새로운 장르를 즐겨 보았다. 개인 휴대통신 서비스의 발달로 무선호출기부터 시티폰, PCS폰, 휴대폰으로 빠르게 전환되었고, 개인 컴퓨터와 마이카 시대가 시작되면서 일상생활 문화를 바꾸었다.

또한 앞으로 노인이 될, 현재의 중년인 1968~1974년생인 제2차 베이비부머 세대는 산업화, 민주화 등의 수혜를 받은 첫 세대이다. 이 세대는 개성이 강한 세대로 X세대와 오렌지족이라 불리며 기존 세대와는 다른 신

인류의 탄생이라고 했다. 이들은 '서태지와 아이들'의 새로운 힙합 장르에 열광하면서 락카페 등의 새로운 문화를 주도하였다.

보편화된 휴대통신과 개인 PC 등으로 채팅, 아이러브스쿨, 온라인 게임 등의 정보화 디지털 문화를 주도하였다. 그러나 우리나라 압축 경제 성장의 후유증으로 발생한 사회적 재난 사고인 서울 삼풍백화점 붕괴 사고, 성수대교 붕괴 사고, 대구 지하철 폭발 및 화재 사고 등을 겪으면서 심리적인 트라우마를 가지고 있다. 또한 이 세대는 20대에는 IMF 외환 위기로 극심한 취업난을 겪었고, 30대에는 미국발 금융위기로 구조 조정 및 파산 등으로 신용불량자가 양산되었으며, 50대에는 코로나19로 인한 폐업 등 온갖 사회적 위기를 체험하고 있는 세대이다.

1차 베이비부머 세대뿐만 아니라 앞으로 2차 베이비부머 세대가 노인 세대로 진입함에 따라 이들은 지금의 노인 세대의 뒷방 늙은이처럼 순종과 희생의 가치로 순응적, 소극적으로 살아가지 않고 본인의 생각과 가치, 권리 등을 적극적으로 표출하고 사회에 요구하면서 살아갈 것이다.

이런 노인 세대를 지칭하는 용어로 '하하족(HAHA)', '6G세대', '웹버족', '시니어 액티비즘', '와인 세대', 'X세대 노인', '통크족(Tonk)', '애플족(Apple)', '우피족(Woopies)', '오팔족(Opal)', '2Y2R 세대' 등의 신조어도 많이 있다.

'하하족(HAHA)'은 'Happy Aging Health & Attractive'의 약자로 20~30대 못지않게 자신을 꾸미는 데 투자하는 50대 중장년층을 지칭하며, 자신의 인생을 가꾸고 즐거움을 찾는 데 아낌없이 소비하는 신중장년층의 라이프 스타일을 대변한다.

2021년 통계청 가계금융복지조사에 따르면 가구주의 평균 자산은 50세가 5억 903만 원으로 가장 많은 것으로 나타났으며, 그 다음으로 60세 이상이 4억 2,701만 원으로 경제적 여유와 함께 은퇴로 시간적 여유까지 생기면서 현재 다양한 문화 공연 티켓팅 파워뿐만 아니라 연예인에 대한 젊은이들 못지않은 팬심을 보이고 있다.

'6G세대'는 머리는 회색(Grey)이지만 세련되고(Grace), 점잖고(Gentle), 위대한 한국을 일궈낸 위대한(Great) 세대로 마음은 언제나 푸른(Green) 인생의 황금기(Golden Age)를 맞이할 세대를 의미한다.

'웹버족'은 인터넷을 뜻하는 웹(Web)과 노인을 뜻하는 실버(Silver)의 합성어로 IT 문화에 익숙하고 디지털 라이프를 즐기는 정보화된 노년 세대를 의미한다. 이들은 현재 단순히 인터넷 서핑에 그치는 것이 아니라 블로그, 카페, 홈페이지 운영뿐만 아니라 전자상거래, 사이버 강의, 학위취득 등 인터넷 영역에서 세상과 소통하며 사회 재참여를 하고 있다. 한 분야의 전문가로 일한 만큼 네이버 지식인이나 아프리카 방송 BJ로 활동하거나 파워 블로거로 인정받는 노인들도 있다.

'시니어 액티비즘(Activism)'은 노령자(the Aged)가 아닌 인생의 선배(senior)로서 사회활동의 적극적 참여와 꾸준한 학습 및 자기계발을 통해 끊임없이 도전하고 성장하는 세대를 의미한다. 여기에서 노인은 선배시민으로 규정되고 선배시민은 시민권과 인권을 가진 존재로 자신의 권리를 알고 공동체를 돌보는 역할을 하는 자로 인식된다. 현재 선배시민학회가 조직되어 전국적으로 활동하고 있다.

'와인 세대'는 인고의 시기를 거쳐 사회적 및 개인적으로 잘 통합되고 숙성된 어른 세대로 사회적 책임 의식이 강하고 안정과 질서 및 조화를 중시한다. 개인적으로 소홀했던 자신의 삶을 돌보고 현실의 즐거움을 중시하는 세대를 의미한다. 자식보다 부부 중심의 라이프스타일을 더 중시하며, 가정 내 의사 결정권과 소비 주권이 여성에게 있다.

'X세대 노인'은 건강하고 경제력을 바탕으로 자기 생활을 스스로 설계하여 독자적이고 주체적인 삶을 추구하며, 항상 도전의식과 실험정신으로 생활하는 세대를 의미한다.

'통크족(Tonk)'은 'Two Only No Kids'의 약칭으로 자신들만의 오붓한 삶을 즐기기 위해 손자녀 돌봄을 거부하고 자녀에게 의존하지 않고 둘만의 인생을 추구하는 세대를 의미한다. 핵가족이 보편화되고 연금제도의 발달 등으로 노후의 경제 수준이 향상되면서 부부끼리 인생을 독립적으로 즐기기 위함이다.

'애플족(Apple)'은 활동적이고(Active), 자부심이 강하고(Pride), 안정적으로(Peace), 고급문화(Luxury)를 즐기는 경제력(Economy) 있는 노인층을 의미한다. 이들은 장년 시절부터 각종 연금에 가입하는 등 미래를 위한 설계가 충분하여 노부부들만의 삶을 즐기기 위해 기꺼이 모든 편의시설이 갖추어진 고급 실버타운을 선호한다.

'우피족(Woopies)'은 부모의 상속 또는 자수성가를 통해 경제적으로 여유 있는 나이 든 세대(Well of older people)에서 유래하여 자식에게 신세 지지 않고 자신들이 벌어 놓은 돈으로 풍족하게 생활하는 노인을 의미한다.

'오팔족(Opal)'은 활동적인 삶을 살고 있는 노인(Old People with Active Life)이라는 뜻으로, 적극적이고 활동적으로 자신의 삶을 가꾸어 사는 노인으로 경제력을 바탕으로 시간적 여유를 즐기면서 열정적으로 자신이 하고 싶은 일을 하면서 생활하는 노인을 의미한다. 1958년생의 '58'과 동음이라는 언어유희를 활용한 신조어이기도 하다. 이 말은 일본에서 특히 유행한 말로, 오팔족이 증가하면서 1,750만 엔짜리 초고가 세계 일주 여행 상품이 불티나게 팔리기도 했다고 한다.

'2Y2R 세대'는 'Too young to retire', 은퇴하기에는 너무 젊다는 약자로, 다른 사람이 정해준 정년과는 무관하게 스스로 은퇴 시기를 결정하고 은퇴 후 삶을 재창조하여 가족 부양과 돈벌이 고민에서 해방되어 정말 하고 싶었던 일을 하는 삶의 르네상스 시대를 개척하는 것을 의미한다.

젊은 할아버지, 할머니들은 은퇴(retire)하지 말고 타이어를 갈아 끼우고(re-tire) 새로운 인생을 위하여 돈은 좀 덜 받더라도 판단력, 네트워크, 노하우를 살려 노인이 비교 우위를 갖는 직종에 계속 종사하면서 생활하자는 것이다. 인생은 한 번 쓰고 버리는 볼펜 인생이 아니라 그때그때 지식 잉크를 재충전해 쓰는 만년필 인생이다.

이처럼 노인 세대의 변화로 인해 현재 액티브 시니어가 경제 주역으로 등장하고 있으며, 노인들을 중심으로 하는 경제 시장을 뜻하는 '실버 이코노미'라는 용어까지 등장하였다.

유엔에서는 2021~2030년을 건강한 노화 10년으로 선언하고 총회를 통해 ① 노화에 대한 사고방식과 행동 양식을 변화하고, ② 노인의 능력을 개발하기 위한 커뮤니티를 개발하고, ③ 사람 중심의 통합 치료 및 1차 의료 서비스를 제공하고, ④ 양질의 장기 요양 서비스를 제공하는 등 네 가지 영역에서 불평등을 줄이자고 합의했다.

실버 시장도 이에 맞추어 건강한 노화에 초점을 맞추어 다양한 상품과 제품을 개발 생산하고 있다.

월드데이터랩에 따르면 미국 실버 시장은 2025년 약 3조 5,000억 달러가 될 것으로 추정한다. 에이징아시아얼라이언스에 따르면 아태 지역의 실버 시장은 2025년까지 4조 6,000억 달러 규모로 성장하며 60세 이상의

6억 2,000만 명에게 서비스와 제품을 제공할 것으로 전망하고 중국 2조 6,109억 달러, 일본 8,843억 달러, 한국 2,897억 달러 순으로 성장할 것으로 전망했다.

2023년 11월 LG경영연구원의 향후 30년간 확대될 액티브 시니어의 소비파워 분석 자료에 의하면 기존 노인 세대는 경제적으로 풍족한 환경에 있어도 자신보다 가족 중심의 소비생활을 하거나 필요에 의한 지출 외에는 절약하는 모습을 보였지만, 액티브 시니어는 탄탄한 경제력을 기반으로 하는 나 중심의 선택적 소비를 하는 경향이 나타났다.

2022년 하나금융연구소 '세대별 온라인 소비 행태 변화와 시사점'에 따르면, 젊은 세대 위주였던 배달앱과 OTT 서비스 분야에서도 5060세대의 소비가 크게 증가한 것으로 나타났다. 2019년 대비 2020년의 배달앱 서비스 결제 규모는 50대는 163%, 60대는 142% 증가했고, OTT 서비스 결제 규모에서도 50대는 181%, 60대는 166% 증가하였다.

하나은행 온라인 카드 금액 증가율은 50대가 50%, 60대 이상은 55%로 나타났고, 신한카드 빅데이터 연구소가 2019~2021년 신한카드 개인회원의 디지털 소비 데이터를 분석한 결과에서도 60대 이상의 온라인 업종 결제액이 142% 증가한 것으로 나타났다.

2021년 경희대 고령친화융합연구센터 및 한국보건산업진흥원에 따르면 실버 이코노미 국내 시장 규모는 2012년 27조 3,808억 원에서 2020년 72조 8,304억 원으로 265.9% 증가하였고, 2030년에는 168조 원으로 예상하고 있다. 이는 고령친화 의약품・의료기기・화장품・식품・요양・여가・주거 산업 등의 규모를 합한 수치로 연평균 성장률은 13%로 기존 산업 성장률 7%의 두 배 규모이다.

건강과 관련하여 운동에 관련된 소비 규모가 최근 10년 동안 50대 이상에서 빠르게 증가하면서, 55~69세 전체의 운동오락서비스 이용금액을 25~39세 전체 이용금액과 비교해 보면 0.3배에서 0.9배로 증가하였다.

건강보조식품인 단백질 보충제와 관련해서는 식품산업통계정보에 따르면 단백질 보충제 시장 규모는 2018년 813억 원에서 2021년에는 3,000억 원으로 증가하였다.

패션 업계는 중장년층을 겨냥하여 2020년 9월 론칭한 Q 모바일 패션 플랫폼에서 중장년층이 많이 구매하는 아웃도어, 골프복 등을 포함하는 브랜드를 수백 개가량 입점시켰다. 앱 서비스를 출시한 지 7개월 만에 누적 다운로드 수 400만 회 이상을 달성하는 성과를 올렸다.

라이브커머스 업계 역시 중장년층 고객을 타깃으로 프로그램을 출시하고 주요 시청 시간인 오후 6~8시에 중장년층을 타깃으로 한 특별 프로그램을 편성하고 있다.

이처럼 이제는 액티브 노인은 기존 노인이 가지고 있는 가족과 국가의 봉사를 필요로 하는 대상이 아닌 새로운 라이프 스타일로 우리 사회의 가장 중요한 소비 주체로서 삶을 당당하게 살아갈 것이다.

4

새로운 노후 생활

4

새로운 노후 생활

초고령사회로 진입함에 따라 노인으로 유입되는 세대가 변하면서 삶의 방식도 개인 본인 중심의 사고에서 벗어나 더불어 함께 지속 가능한 삶을 위한 공동체적 접근 방식이 필요하다.

2022년 UN 산하 전문기구인 지속가능발전해법네트워크에서 발표한 세계행복보고서에 의하면 우리나라 행복지수는 146개국 중 59위를 차지했다.

전 세계인의 행복 평균 점수가 5.6점이고, OECD 평균 점수는 6.6점인 데 비해 대한민국은 5.9점이다. 1위에서 5위는 7점대로 핀란드, 덴마크, 아이슬란드, 스위스, 네덜란드로 나타났다.

항목별 점수를 보면 우리나라는 경제지수와 기대수명에서는 높은 점수를 받았지만 사회적 선택권과 부정부패에 대한 인식에서는 낮은 점수를 받았다.

각 항목별 높은 점수를 받은 행복한 나라의 사람들의 공통점은 공동체 의식이 강하고, 유사시 도움을 청할 누군가가 있다는 것이다. 즉, 사회적 자본이 높았다.

사회적 자본은 사람들이 서로 신뢰하고 협동심을 발휘하게 만드는 사회 규범이나 가치를 말하는 것으로, 영국 싱크탱크 레가툼이 발표한 2023 번영 지수에서 우리나라의 사회적 자본 지수 순위는 조사 대상 167개국 중 107위를 차지한 것으로 나타났다.

산업화와 정보화 시대를 맞이하여 치열한 경쟁의 초고속 경제 성장 체제에서 살아남기 위해 아무도 믿지 않고 혼자 앞만 보고 달려오다 보니 우리의 전통적 공동체 정신을 잃어버리게 되었다.

누가복음 10장 30~37절을 보면 “예수께서 대답하여 이르시되 어떤 사람이 예루살렘에서 여리고로 내려가다가 강도를 만나매 강도들이 그 옷을 벗기고 때려 거의 죽은 것을 버리고 갔더라.

마침 한 제사장이 그 길로 내려가다가 그를 보고 피하여 지나가고 또 이와 같이 한 레위인도 그곳에 이르러 그를 보고 피하여 지나가되 어떤 사마리아 사람은 여행하는 중 거기 이르러 그를 보고 불쌍히 여겨 가까이 가서 기름과 포도주를 주고 그 상처에 붓고 싸매고 자기 짐승에 태워 주막으로 데리고 가서 돌보아 주니라.

그 이튿날 그가 주막 주인에게 데나리온 둘을 내어 주며 이르되 이 사람을 돌보아 주라 비용이 더 들면 내가 돌아올 때에 갚으리라 하였으니 네 생각에는 이 세 사람 중에 누가 강도 만난 자의 이웃이 되겠느냐 이르되 자비를 베푼 자니이다 예수께서 이르시되 가서 너도 이와 같이 하라 하시니라”라면서 진정한 이웃이란 무엇이며, 이웃을 위한 사랑이 무엇인지에 대해 이야기하고 있다.

안도현 시인의 '연탄재 함부로 발로 차지 마라'라는 시에서도 이타적인 삶이 무엇인지에 대해 이야기하고 있다.

"연탄재 발로 차지 마라
너는 누구에게 한 번이라도 뜨거운 사람이었느냐
자신의 몸뚱아리를 다 태우며 뜨끈뜨끈한 아랫목을 만들었던
저 연탄재를 누가 발로 함부로 찰 수 있는가?
자신의 목숨을 다 버리고 이제 하얀 껍데기만 남아 있는
저 연탄재를 누가 함부로 발길질 할 수 있는가?
나는 누구에게 진실로 뜨거운 사람이었던가?"

우리가 삶의 종착역으로 다가가면서 지나온 삶을 되돌아보면 나 자신과 가족만이 아니라 타인을 위해 나의 삶에서 단 10분 또는 1,000원이라도 흔쾌히 지불하였

다면 행복함을 느끼지 않겠는가?

하지만 우리는 이타적인 삶을 실천하는 자원봉사활동이나 후원활동에 인색한 편이다.

2022년 행정안전부 자원봉사 통계에 의하면 우리나라 20세 이상 성인 총인구 43,340,977명 중 3.9%인 1,685,636명만이 자원봉사에 참여하고 있는 것으로 나타났다.

2023년 행정안전부와 한국중앙자원봉사센터가 조사한 전국자원봉사센터 운영 현황에서 살펴본 연령대별 자원봉사 참여 현황은 10대 이하 23.5%, 20대 27.7%, 30대 6.6%, 40대 13.7%, 50대 13.4%, 60대 이상 14.9%로 나타났다.

우리나라의 2022년 기부금 총액은 15.1조 원으로, 2021년 15.6조 원보다 5천억 원 줄었다. 이 중 개인기부는 코로나19 팬데믹 시기에도 꾸준히 상승하여 2022년에는 10.7조 원으로 전년도에 비해 4천억 원 상승하였지만 기업기부는 4.4조 원으로 전년도 대비 9천억 원 감소하였다.

기부 참여자 국가통계인 사회조사에서는 우리나라 기부 참여자 비율이 2011년 36.4%에서 지속적으로 하락하여 2021년 21.6%를 기록하다 2023년 23.7%로 조사 이후 처음으로 상승한 것으로 나타났다.

2021년 기부 분야 순위는 자선단체, 해외구호, 시민단체, 지역사회, 의료, 교육, 문화예술 순이다.

기빙코리아에 따르면, 우리나라 기부자 평균 기부금액은 2011년 21만 9천 원, 2015년 37만 3천 원, 2019년 26만 4천 원, 2021년 31만 6천 원으로 조사되었고, 2021년 전국 8,676가구 대상 통계청 사회조사에 의하면 기부 참여율은 21.6%이고, 기부 평균 금액은 603,000원으로 나타났다.

우리나라 개인의 기부 수준은 아직 미국, 영국, 캐나다와 같은 기부 선진국에 비해 낮은 편이다. 2008년 조사된 GDP 중 기부금 차지 비율은 미국이 2.3%로 가장 높았고, 캐나다 0.73%, 영국은 0.71%, 우리나라는 0.53%로 나타났다.

영국에 본부를 둔 자선원조재단(CAF : Charities Aid Foundation)에서 발표한 세계 기부지수에 따르면 기부금 액수가 아닌 기부활동에 초점을 맞춰 평가하였을 때, 2010년 한국은 153개국 중 세계 81위로 나타났다.

한 사회의 나눔과 기부 문화는 자원봉사와 함께 한 나라의 문화 수준을 측정할 수 있는 중요한 척도이다. 시민들의 자발적 행위를 통한 계층 간 통합과 삶의 질 향상에 기여하는 나눔과 기부 문화를 통해 건강하고 행복한 사회가 만들어진다.

인생을 모닥불에 비유하면 10대까지는 장작에 처음 불을 지피기 위해 많은 시간과 노력이 들어가듯이 많은 돌봄과 지원이 필요하다. 20대에서 50대까지는 장작에 불이 활활 타오르는 불꽃처럼 열정을 다해 살아간다. 60대부터는 이제 타오르는 불꽃이 조금씩 사그라들면서 은은한 불꽃이 되어 행복한 불멍에 빠져들게 하는 것처럼 타인과 다음 세대가 나의 삶을 바라보면서 진정한 어른의 모습을 느낄 수 있어야 한다.

노인 사회 참여모델(social participation model)은 역할이론(role theory) 및 활동이론(activity theory)을 접목한 자원봉사활동을 통해 새로운 사회적 역할을 찾고 노인 자신의 정체성 혼란이나 사회적 배제를 방지할 수 있다. 이런 활동을 통해 개인의 삶에 대한 만족도와 삶의 질을 높일 수 있고, 세대 간의 갈등이나 편견을 해소한다. 또한 세대 간의 연대 의식 형성과 바람직한 노인의 모습상을 구축한다.

이러한 측면에서 선배 시민(senior citizen)의 개념은 노인 자원봉사활동을 평생학습의 일환으로 시민성 모델을 적용하여 성숙한 시민으로 살아가는 것이다. 이들은 사회공동체 활동에 참여하고 지역사회 문제 해결을 위해 능동적이고 적극적으로 대응하는 활동을 한다.

선배 시민은 힘없고 무기력하고 사회적 잉여 인간으로서의 노인(No人)이 아니라 요람에서 무덤까지 인간적인 삶을 살아갈 수 있도록 국가가 시민의 삶을 책임져야 한다는 시민권 관점에서의 노인을 의미한다. 다시 말해 선배 시민은 시민권이 당연한 권리임을 자각하며, 사회

공동체활동에 참여하여 자신뿐만 아니라 후배 시민을 위해 목소리를 내고 행동하는 노인을 의미하는 것이다.

이런 활동을 위해 선배시민학회가 2022년 창립되었고, 선배 시민 선언문을 만들었다. 선배 시민 선언문은 선배 시민이라는 존재의 선언, 시민의 집에 대한 선언, 선배 시민의 실천에 대한 선언으로 구성되어 있다.

선배 시민이라는 존재의 선언은 노인의 정체성을 담고 있으며, 시민의 집에 대한 선언은 당당한 시민으로 시민권을 실현함으로써 함께 살아가는 공동체를 담고 있으며, 선배 시민의 실천에 대한 선언은 이상을 현실로 만들기 위해 함께 상상하고 적극적으로 참여하여 공동체의 새로운 길을 제시한다는 의미이다.

선배 시민 선언문은 다음과 같다.

우리는 선배 시민이다.

우리는 시민이다. 공동체에 대한 권리와 의무를 가진 시민이다.

우리는 선배이다. 후배 시민과 소통하고 그들을 돌보는 선배이다.

그러므로 우리는 최소한 인간답게 살 수 있는 권리를 요구하고 후배 시민들을 돌보는 의무를 한다.

우리는 서로에게 당당하고 풍요로운 세상을 꿈꾼다.

우리는 돈, 지위, 학벌 앞에 침묵하고 순응하는 것이 아니라 누구나 당당하게 말할 수 있는 정의로운 세상을 꿈꾼다.

우리는 시민들을 위협하는 사회적 위험에 함께 맞서 누구나 안전하고 생존의 문제를 걱정하지 않는 풍요로운 세상을 꿈꾼다.

그러므로 우리는 차이가 편안히 드러나는 광장에서 서로에게 당당하고 풍요로운 세상에 대해 말하고 상상할 것이다.

우리가 걸어가면 길이 될 것이다.

우리는 무기력한 늙은이도 자신과 가족만을 생각하는 개인주의자도 아니다.

우리는 선배 시민이 되기 위해 늘 함께 생각하고, 질문하고, 상상할 것이다.

우리는 이제 더 이상 돌봄의 대상이 되기를 거부하고 후배 시민과 공동체를 돌보는 일에 적극적으로 참여할 것이다.

그러므로 우리 선배 시민이 걸어가면 그것은 곧 공동체의 새로운 길이 될 것이다.

이 선언문에 기초하여 2023년 2월 17일 선배시민협회가 창립되어 전국 10개 시도에 지부를 설치할 예정이며, 앞으로 본격적인 활동을 통해 새로운 노인 모델을 보여줄 것이다.

노년기 인생 유형

통계청에 따르면 2020년 기준 질병·부상으로 고통받는 유병 기간을 제외한 건강수명은 66.3년[6]으로 나타난 만큼 노년기의 인생에서 가장 중요한 것은 자립적이고 독립적인 인생을 살아가는 기간을 최대한 연장하는 것이다.

마지막 순간을 맞이하는 시기에는 누구나 돌봄을 받을 수밖에 없는 인생이므로 주체적·자립적으로 생활할 수 있을 때 어떤 인생을 살아갈 것인가가 중요하다.

요즘 젊은 세대는 MBTI 성격 유형으로 자신을 파악하지만, 노년기에는 자신이 추구하는 인생 유형을 파악하여 살아가는 것이 중요하다.

여기 제시된 노년기 인생의 유형은 이순신 인생, 빠삐용 인생, 단무지 인생, 주전자 인생이 있다. 이 중 당신은 어떤 유형의 인생을 살아가고 있는가?

---

6) www.chosun.com/national/welfare−medical/2022/07/27/VU2OUG2SQNATBBJYUYAI6SIOBI/

1) 이순신 인생

이순신 인생은 성웅 이순신 장군의 임진왜란 마지막 전투였던 노량해전에서 적군의 총탄을 맞고 죽음을 맞이하면서 남긴 유언인 '나의 죽음을 적에게 알리지 말라'를 실천하며 사는 인생을 의미한다.

이순신 장군이 전쟁의 승리를 위해 마지막까지 적군에게 자신의 상태를 알리지 못하게 한 것처럼 노인들도 자신의 외로움, 병약함, 어려움 등의 처지 및 상황을 끝까지 자녀들에게 잘 알리지 않는다.

노인을 위한 공익 광고에서는 자식이 많이 보고 싶어도 '바쁜데 쓸데없이 뭐 하러 내려오냐면서 극구 만류하는 모습', '밥맛이 없어 혼자 밥을 물에 말아 한 숟가락 겨우 먹으면서도 아주 맛나게 잘 챙겨 먹고 있다고 말하는 모습' 등 자식들이 걱정할까 봐 자신들의 현실과는 정반대로 표현하는 장면을 종종 볼 수 있다.

조금이라도 자식들이 생활하는 데 폐가 될까 봐 걱정하고 배려하기 때문에 자신들의 감정과 상태를 솔직히 표현도 요구도 하지 않은 채 살아가고 있다.

부모는 오로지 자식만 잘 살면 된다는 마음으로 살지만 자식은 그런 부모의 마음을 헤아리지 못한다.

부모님에게 문제가 발생하여 병원이나 기관에서 연락이 오면 자식은 먼저 걱정과 위로보다는 왜 진작 말하지 않았냐면서 짜증과 원망부터 쏟아낸다. 특히 중대한 문제나 위중한 병일수록 더욱 그렇다.

이는 부모에 대한 자기 자신의 무심함에 대한 반성이고, 잘못된 애정 표현의 방식이다. 평소 부모 자식 간에 표현이 서툴다 보니 걱정과 염려보다는 짜증과 원망부터 하게 된다. 이로 인해 부모는 부모대로 자식은 자식대로 서로 속이 상하고 서운함과 자책감으로 힘들어한다.

현재 노인 세대는 자식에게 살갑게 '사랑한다', '보고 싶다' 등 감정을 잘 표현하지 않고 무심하게 마음을 표현하였다.

하지만 노년기에는 나의 삶이 얼마나 남았는지 아무도 알 수 없기에 더 늦기 전에 가족, 친지, 친구 등에게 본인의 처지와 감정을 숨기지 말고 정확하게 표현하면서 살아가야 할 것이다.

매일 매일 사랑한다, 보고 싶다, 그립다 라는 감정을 솔직히 표현하고 사는 노년기 인생이 중요하다.

2) 빠삐용 인생

빠삐용 인생은 '빠'지지 말고 '삐'지지 말고 '용'서하며 살아가는 인생을 말한다.

핵가족 및 1인 가구 시대가 정착됨에 따라 가족과 함께 모이기도 힘든 세상이다. 이런 어려운 여건 속에 오랜만에 자녀가 시간을 내어 부모에게 외식하자고 제안하면 속으로는 좋지만 자식의 경제적 사정을 걱정하거나 혹시나 불편할까 봐 이런저런 핑계로 참석하지 않는 경우가 허다하다.

자녀는 오랜만에 부모의 사랑에 보답도 하고 함께 좋은 추억을 만들고자 외식뿐만 아니라 가족 모임이나 가족 여행 등을 제안하지만 부모는 되도록 참석하지 않으려고 한다. 이렇게 부모가 자꾸 거절하니 자녀는 자녀대로 속도 많이 상하게 되어 나중에는 부모와 함께 시간을 보낼 계획 자체를 하지 않게 된다.

이로 인해 부모는 자식과 함께 가질 수 있는 좋은 추억조차도 만들지도 못하고 노년기를 쓸쓸하게 보낼 수밖에 없는 것이다.

노년기에 자식과 함께 좋은 시간을 보내기 위해서는 건강이 허락하는 한 자녀의 제안을 거절하지 않고 무조건 함께해야 한다. 이는 가족 모임뿐만 아니라 당신이 속한 다양한 사회관계의 모임도 마찬가지다.

조금 더 시간이 지나면 노화로 인해 모임에 나가고 싶어도 나갈 수 없는 날이 곧 다가오기 때문에 나의 건강이 허락하고 함께할 수 있는 여건이 되면 빠지지 말고 적극적으로 참여하여 가족 및 지인들과 좋은 추억을 많이 만들어야 한다.

노인이 되면 심리적으로 내향성과 경직성 등의 증가로 수용의 범위가 좁아지게 된다. 사소한 것에도 벌컥 화를 내거나 속으로 꿍하면서 삐지게 되어 오랜 세월 함께해 온 인간관계가 소홀하게 되거나 관계 단절까지도 이어지게 된다.

안 그래도 나이가 들수록 다양한 이유로 인간관계가 줄어들면서 외로울 수밖에 없는데 사소한 일로 감정이 상하게 되면 개인적으로 고립되어 더욱 외로운 노후를 보낼 위험이 높다.

남에게 맞은 사람은 다리 펴고 잠을 잘 수 있어도 때린 사람은 잠을 잘 수가 없다는 말처럼, 나에게 피해를 준 사람을 용서하는 것이 쉽지는 않겠지만 통 큰 용기가 필요하다.

용서에 대한 성경 마태복음 구절을 보면 나에게 죄지은 자를 몇 번까지 용서해야 하는지에 대해 이야기한다. 용서를 해야 할 사람의 입장에서는 한 번의 용서도 힘들다. 하지만 큰 결단을 하여 최대 일곱 번까지 용서해 주면 되는지 묻자 예수님은 일곱 번이 아니라 일곱 번씩 일흔 번까지라도 용서하라고 한다. 이는 무조건 용서하라는 말과 같다. 용서를 하지 못하면 마음속 원한, 분노, 불만 등의 스트레스를 가지고 살아가게 되어

내 삶을 스스로 불행하게 만드는 원인이 된다.

용서는 본인이 경험한 상처로부터 자유로워지면서 내적 평화를 찾을 수 있는 행위이다. 용서를 하게 되면 스트레스, 불안, 우울감 등이 감소하고 자아 존중감과 생활 만족도가 향상되며 긍정적인 대인관계를 촉진시킨다.

노년은 인생의 마지막 단계인 만큼 나의 삶이 언제 마감될지 알 수 없기에 원한, 분노, 불만 등을 마음에 두지 말고 상대에 대해 '그래 그럴 수 있지'라는 너그러운 마음으로 바로 용서하고 온전한 나를 위한 삶을 살아가야 할 것이다.

3) 단무지 인생

단무지 인생은 '단'순하고 욕심 없이(없을 '무') '지'혜롭게 살아가는 인생을 말한다.

인생의 마지막 순간에서 가장 후회되는 것으로 노인들은 자신에게 솔직하지 못한 것, 너무 일에만 몰두한 것, 감정 표현을 더 하지 않은 것, 친구들과 더 많은 시간을 보내지 않은 것, 더 행복하게 살지 않은 것 등을 꼽았다.

치열한 경쟁 사회에서 그동안 가족들에 얽매이고 외롭고 지치고 재미없는 삶을 살아온 만큼 노년기에는 '제주도의 푸른 밤' 하늘 아래에서 사는 마음으로 모든 걱정 근심 염려를 내려놓고 단순하게 살아야 한다.

하지만 나이가 들수록 하지 않아야 할 걱정을 많이 하게 된다. 걱정을 해서 걱정이 없으면 걱정이 없겠다는 말이 있듯이 걱정으로부터 자유로울 필요가 있다.

길어진 노후생활로 인해 미처 준비되지 않은 노후를 보내는 데 있어 특히 경제적인 문제로 걱정이 많을 수밖에 없다.

우리나라는 노인의 생활 안정과 복지증진을 위해 2008년부터 공적 연금인 기초노령연금이 실시되었고, 2023년 기준 소득과 재산이 적은 하위 70%(단독가구 202만 원, 부부가구 323만 2천 원)까지 월 최대 323,100원이 지급되고 있다.

기초노령연금은 자산조사를 통한 경제적 기준에 따라 지급되고 있음에도 불구하고, 일부 노인은 연금을 받지 못하는 자신의 상황을 인정하지 못해 장고(長考) 끝에 악수(惡手)라고 자산을 줄여 연금을 받으려고 결국 본인 명의로 되어 있는 집 한 채마저 자식에게 증여하기도 한다. 기초노령연금 월 30만 원을 받기 위해 노후 자금으로 남아 있는 주택 전 재산을 날려버리는 소탐대실(小貪大失)로 빈곤의 굴레에 빠지게 되는 것이다.

나이가 든다는 것은 나 혼자만을 위한 이기적인 삶이 아니라 주변 사람과 함께 더불어 살아가는 이타적인 삶의 지혜가 있어야 한다. 하지만 나이가 들수록 가진 것을 함께 나누기는커녕 혼자 더 많이 움켜쥐려는 추태를 보이는 노인도 있다.

천국과 지옥의 사후세계 모습을 보여 주는 애니메이션에서 아주 인상 깊은 장면이 있었다. 그 장면은 식사하는 장면으로 밥을 먹을 때 사용하는 숟가락이 너무 길어서 자기 혼자서는 도저히 밥을 먹을 수가 없었다.

천국처럼 보이는 곳에서는 혼자서 먹을 수 없기에 옆 사람한테 먼저 먹여 주고 자신도 옆 사람에게 받아 먹으면서 오손도손 맛있는 식사 시간을 가졌다. 하지만 지옥처럼 보이는 곳에서는 혼자 먹을 수 없음에도 불구하고 옆 사람과 함께 먹을 생각은 하지 못하고 오로지 자기 입으로 넣으려고만 하다가 결국에는 하나도 먹지 못한 채 배고픔에 허덕이고 있는 모습이었다.

결국 천국과 지옥은 나만을 위한 삶인가 아니면 이웃과 더불어 함께 사는 삶인가의 차이였다.

삶의 마지막 단계를 살아가는 노년기에는 나만을 위한 욕심을 내려놓고 내가 가지고 있는 작은 것에 감사하고 그 작은 것이라도 함께 나누면서 다 쓰고 떠나는 것이 중요하다.

행여나 자식에게 남은 재산을 남겨 주고 싶은 마음에 아끼면서 궁핍하게 살려는 생각은 꿈도 꾸지 말아야 한다. 그 작은 유산 때문에 남아 있는 자식들끼리 원수가 되는 일이 비일비재(非一非再)하다. 내 자식만은 다른 집처럼 결코 그럴 일이 없다고 자신한다면 오산이다. 내 자식도 남의 자식처럼 재산 앞에서는 가족애가 없는 것이 현실이므로 잊지 말아야 한다.

아프리카 속담 중 "노인 한 사람의 죽음은 도서관 하나가 불타 없어지는 것과 같다"라는 말이 있다. 이는 한 사람의 인생이 완성된 노인의 삶 속에 축적되어 있는 지식과 경험과 지혜가 무궁무진하다는 것이다.

하지만 이런 지식과 경험과 지혜를 자기 자신만을 위해 잘못 활용하게 되면 모든 상황에서 이성적, 논리적으로 생각하지 않고 오로지 본인 이익만을 위해 소리부터 버럭 지르고 억지 피우고 끊임없는 민원을 제기하면서 타인에게 엄청난 피해를 주는 삶으로 살아갈 것이다.

노후는 욕심내어 한두 푼 더 모으려고 애쓰지도 말고 나 혼자만이 아니라 가족 및 가족과 함께 더불어 살아가는 공동체 삶의 자세로 나누고 베풀며 지혜롭게 사는 삶의 모습이 아름답다.

4) 주전자 인생

주전자 인생은 ‘주’도적으로 ‘전’문가답게 ‘자’신감으로 살아가는 인생을 말한다.

70대 여성 노인 3명이 만나 한 분이 “나 요즘 남자친구 생겼다”고 고백하면 젊은이들처럼 외모나 재력 등은 물어보지 않고 딱 한 가지를 물어본다고 한다. “혼자 잘 걸어 다니냐?”

이 말은 곧 돌봄의 대상이 될 수 있는 나이인 만큼 무엇보다도 건강해야 함을 뜻하는 것이다.

우리나라 건강수명은 현재 67세 정도밖에 되지 않아 노년기에 타인에게 의존하지 않고 주도적인 삶을 살아가기 위해서는 평소 건강관리에 많은 투자를 해야 한다.

노인이 되면 누구든지 한두 가지 질환과 질병을 가지고 있지만 평소 관리만 잘 하면 건강을 유지하면서 잘 지낼 수 있다.

평생 친구로 삼아 지내게 되는 대표적인 만성질환은 고혈압, 당뇨, 관절염 등이다. 이 질환들은 평소 식습관 개선과 꾸준한 운동을 통해 지속적으로 잘 관리하면 별 문제 없이 생활할 수 있다.

하지만 전문적 지식 없이 혼자 관리하기는 불가능하기 때문에 지역사회 내 전문기관의 도움이 필요하다.

초고령사회를 맞이하여 정부에서도 노인 건강을 위해 보건소 사업을 확대하고 치매안심지원센터, 마을건강센터, 정신건강센터 등 다양한 전문기관을 운영하고 있다.

부산에는 2023년 마을건강센터 75개소가 각 마을별로 설치 운영되고 있으며, 마을간호사, 마을건강활동가가 상주하여 일상적인 건강상담7)과 건강공동체8) 형성을 위해 다양한 프로그램을 운영하고 있다.

---

7) 혈압, 혈당, 당화혈색소, 빈혈, 체성분, 콜레스테롤, 스트레스 검사, 치매선별검사, 우울선별검사 등

8) 걷기동아리, 치매예방동아리, 우울예방동아리, 고혈압·당뇨 동아리, 고독사 예방, 흡연·음주 예방, 자살예방 등

노년기의 주도적인 삶을 위해 건강 다음으로 중요한 것이 경제적 문제이다. 우리나라는 공적 연금이 취약한 만큼 노후생활에 필요한 생활비 등을 충당하기 위해 노년기에도 경제 활동을 할 수밖에 없는 현실이다.

2023년 통계청 자료에 의하면 공적 연금 수급률은 57.6%이며 수령자 중 44.6%가 월 25~50만 원 정도를 수령하는 것으로 나타났다. 65세 이상 취업자는 326만 명이며 고용률은 36.2%로 10년간 6% 증가한 것으로 나타났다. 하지만 고령 취업자 대부분이 열악한 노동 환경과 처우로 저임금 근로자로 근무하고 있는 것이 문제이다.

그래도 건강상 문제만 없으면 경제 활동으로 다양한 사회적 관계를 유지하면서 생활하는 것이 좋지만 시간이 지날수록 노화로 인한 건강 문제가 발생할 수밖에 없기에 근로소득을 대신할 수 있는 대책이 필요하다.

근로소득을 대신할 대책 중 하나가 주택연금 제도로 자가(自家)를 소유하고 있는 노인은 이 제도를 적극 검토해 볼 필요가 있다.

주택연금은 공기업인 한국주택공사에서 시행하는 연금제도로, 집을 담보로 매월 연금을 제공하며 국가가 보증하기에 아주 안정적이다.

주택연금 제도는 내 집에서 죽을 때까지 평생 매월 연금을 받으면서 생활할 수 있는 장점이 있고, 부부 중 한 명이라도 만 55세 이상이고, 공시가격 12억 원 이하의 주택 또는 주거 용도의 오피스텔을 소유하고 있으면 누구나 이용할 수 있다.

길이진 노후생활을 위해서는 안정적인 생활 자금 확보가 중요한 만큼 주택연금 제도를 활용하는 것이 좋은 방법 중 하나이다.

노인은 살아온 지혜만으로도 삶의 전문가라고 할 수 있다. 이런 전문 지식을 사양시키지 말고 적극적인 참여를 통해 전수할 필요가 있다.

한 분야의 전문적인 지식을 얻기 위해서 혼자 책을 통해 학습하기보다는 그 분야 전문가를 만나 필요한 지식을 얻는 것이 더 효과적이지만 개인이 이런 전문가를 만나기는 쉽지 않다.

요즘에는 다양한 분야 전문가와의 만남을 주선하고 지식을 공유하는 사람책 사업이 있다. 사람책 사업은 사람이 책이 되어 자신의 삶의 경험과 지혜를 다른 사람과 대화를 통해 공유하는 것으로, 도서관에서 책을 빌리듯 다양한 분야의 전문가나 일반인을 만날 수 있다.

사람책은 자신의 직업이나 취미, 가치관 등을 주제로 하여 독자와 소통하며, 문제 해결이나 진로 탐색 등에 도움을 주는 것으로 그동안 각 분야에 전문가로 활동하여 온 노인이야말로 이 사업에 가장 적합한 사람으로서 적극적으로 동참할 필요성이 있다.

사람책 사업은 새로운 소통 방식으로 사람과 사람의 연결을 강화하고, 평생학습의 기회를 제공하는 만큼 노인은 다양한 사람들과 소통하고 서로 이해하고 존중하면서 세대별 갈등을 해소하고 더불어 살아가는 공동체를 만들어 갈 수 있는 적임자일 것이다.

적극적이고 능동적인 활동을 하는 노인도 한 해 한 해가 다르다고 말할 정도로 시간이 지날수록 신체적 기능 저하, 사회적 역할 축소 등으로 점점 자신감을 잃어가게 된다. 매사 의욕이 없고 귀찮아지고 우울해지면서 소극적이고 수동적인 자세로 변하게 된다.

하지만 이럴수록 스스로 자신감을 찾기 위한 노력이 필요하다.

어느 목장에 개구리 세 마리가 우유통에 빠지자 물이 아님을 느끼고 모두가 밖으로 나가려 수없이 발버둥을 쳤지만 도약이 되지 않아 지치고 말았다.

잠시 후 한 마리는 운명이라고 생각하고 모든 것을 체념하다 죽었고, 또 한 마리는 우유통에서 빠져나갈 자신이 없어 한숨만 쉬다가 죽었다.

하지만 마지막 한 마리는 현실을 직시하고, 푸른 하늘을 보면서 1%의 희망을 가지고 평소 물에서 헤엄쳤던 대로 꾸준히 헤엄쳤는데, 이윽고 우유가 치즈로 변하는 기적이 일어나 마침내 벗어났다고 한다.

노년기의 생활에서도 체념으로 자신감을 잃지 말고 희망을 바라보면서 자신감을 회복하여 아름다운 마무리를 위한 적극적인 삶의 자세가 필요하다.

내가 살아가는 오늘 하루가 나의 가장 젊은 날이므로 이 젊은 날 더 푸르고 뜨겁게 열정적으로 살아가야 할 것이다.

5

노인 세대도 변해야 한다

5

노인 세대도 변해야 한다

현재 청년인 MZ 세대와 노인의 꼰대 세대는 살아온 환경의 차이와 경험이 충돌하면서 서로 간 불신의 벽으로 세대 간의 갈등 문제가 지속적으로 일어나고 있다.

청년들은 노인들이 살아온 노력을 이해하지 못하고 노인들 또한 청년들의 문화를 이해하지 못한 채 갈등을 겪고 있는 만큼 상대에 대한 인정과 다름을 먼저 인정하는 것이 필요하다.

지금의 청년들도 나이가 들면 새로운 청년 세대와의 갈등을 겪을 수밖에 없는 만큼 항상 나이 든 세대가 젊은 세대를 먼저 이해하고 모범을 보여야 할 것이다.

노년 세대가 경로효친 사상을 내세워 젊은 세대로부터 대접받기만을 요구하는 것이 아니라 일상생활 속에서 먼저 모범을 보여야 할 것이다.

특히 나이가 들수록 다른 사람을 의식하지 않고 본인의 생각대로 행동하는 경향이 많은 만큼 스스로 주의해야 한다.

출・퇴근 시간 지하철 등 대중교통을 이용할 때 젊은 이들은 줄을 서서 기다리는데 노인은 스스럼없이 새치기를 통해 먼저 탑승하는 것을 시작으로 공공장소에서 지켜야 할 에티켓을 무시하는 경우가 많다.

탑승 후에는 젊은 친구들은 책을 읽거나 모자라는 잠을 보충하는 등 각자 조용하게 목적지까지 간다. 하지만 노인은 핸드폰을 진동모드로 하지 않아 갑자기 요란스러운 음악 전화벨 소리가 울려 퍼지거나 통화할 때 스피커폰을 이용하여 큰 목소리로 대화 내용을 생생하게 중계하는 민폐를 끼치기도 한다. 또 개인 헤드폰이나 이어폰 없이 유튜브를 통해 극단적 정치 편향 영상이나 트로트 등의 음악을 듣기도 한다.

이런 행동은 노인의 청력 기능이 떨어져 어쩔 수 없는 행동이라고 무조건 이해할 수 있는 수준에서 벗어난 행동으로, 우리 사회 전체 노인에 대한 부정적 이미지를 심어주는 계기가 되는 것이다.

2020년 한국청소년학회가 발표한 '중고생과 대학생의 노인 인식' 연구 결과 젊은 세대는 노인을 느리고, 고집스럽고, 보수적으로 느끼고 있다고 나타났다.

노인도 자신들이 살아온 시대의 경험만을 바탕으로 젊은 세대 청년들의 삶을 평가하고 폄하하는 경우도 있다. 현재 청년은 교육적으로 고학력, 환경적으로는 물질적 풍요의 시대를 살고 있는 만큼 열악한 환경에 적응하기 어려워한다. 하지만 노인은 청년이 살아온 현실을 외면한 채 요즘 청년은 취업하고자 하는 의지가 없다고 타박한다.

육체적으로 힘들고 보수가 낮은 일자리에는 현재 사람이 없어 기업을 운영하기 힘들다고 하는데 청년들이 이런 일자리에는 취업하지 않으려고 한다면서 그 책임을 오롯이 청년 개인에게 전가한다.

하지만 세대별로 시대적 상황과 사회적 환경이 달랐기에 동일하게 대학교를 졸업하고 대기업에 취업한 졸업생의 스펙을 비교해 보면 지금 젊은 세대들이 얼마나 어려운 환경에 처해 있는지를 알 수 있다.

1980년대 학번은 경제 성장의 호황기를 맞이하여 대학교 졸업장만으로도 대기업에 취업이 가능했던 특혜받은 세대이다. 1990년대 학번은 IMF 등의 사회적 혼란기를 겪었지만 그래도 대학교 졸업장, 3점대 학점, 적당한 어학 점수로 취업이 가능했다.

하지만 2010년대 학번은 졸업장, 4점대 학점, 각종 어학 점수, 자격증, 봉사활동, 인턴경력 등 10개에 가까운 스펙을 가지고도 취업에 실패하는 사례가 많다.

통계청 자료에 의하면 1970년부터 2020년까지 한국 제조업의 지역 내 총생산은 연평균 6.4%씩 성장해 다른 산업보다 훨씬 빠르게 성장하였지만 제조업의 약 70%를 차지하는 중소기업 대부분은 부가가치가 낮은 하청구조로 저임금의 노동력을 기반으로 사업을 이어

가고 있다.[9)]

요즘 청년들이 구직 시 가장 중요하게 생각하는 것은 임금 및 복지 수준, 근로 시간, 근무 환경, 고용 안정성, 기업 위치 순으로 나타났다. 그러나 중소기업은 업무량에 비해 낮은 처우, 워라밸(work-life-balance) 실현의 어려움, 불투명한 미래 성장, 낮은 고용 안정성 우려, 사회적으로 낮은 인식 등으로 인해 구직난을 겪고 있다.[10)]

고용노동부에 따르면 2022년 기준 대기업과 중소기업을 비교하여 살펴보면 임금은 중소기업이 월평균 3,462,000원으로 대기업의 월평균 5,920,000원에 비해 58% 수준으로 나타났다.

직원에 대한 법정 외 복지비용을 살펴보면 중소기업은 1인당 136,900원으로 대기업은 1인당 400,900원에 비해 34% 수준으로 나타났다.

9) www.nocutnews.co.kr/news/6064548
10) www.economy21.co.kr

고용 상황은 중소기업 정규직 비율은 58.9%, 대기업 정규직 비율은 84.4%이며, 선택적 근무시간제 활용 비율은 중소기업 5.9%, 대기업 17.9%로 나타났다.

2020년 근로자의 날을 맞아 잡코리아가 시행한 직장 만족도 조사에서 직원들의 직장 만족도는 대기업 71.5%, 중소기업 52.9%로 조사되었다.

이처럼 중소기업은 대기업에 비해 월평균 임금과 직원 복지에 대한 지원 부족 등 근무 조건 및 환경이 열악하며, 경영 위기에 취약하고 노동조합 결성이 부족하고 활동 미비 등으로 구조조정이나 해고에 쉽게 노출되어 있다.

사회적 인식도 중소기업은 브랜드 가치가 1,000억 원 미만, 대기업은 10조 원 이상으로 중소기업에 대한 사회적 인식이 저조함에 따라 중소기업에 취업한 청년들의 자부심과 자존감을 저하시키고 있는 것으로 나타났다.

이처럼 청년들이 취업을 위해 가장 중요하게 생각하는 조건에 중소기업과 대기업 간 많은 차이가 나타나

중소기업 취업을 더욱 망설이게 되는 것이다.

취업 출발선에서부터 중소기업과 대기업이 확연히 차이가 나고 이는 향후 정규직과 비정규직 문제, 남성과 여성의 문제, 기성세대와 젊은 세대 간의 갈등 문제, 정리해고와 명예퇴직 등의 문제로 사회적 양극화로 이어져 결국 삶의 질은 더욱 차이가 날 수밖에 없다.

자본주의와 신자유주의로 인해 젊은 세대는 취업이 어렵고 고용이 불안하고 기성세대는 명예퇴직과 정리해고의 위험에 노출되어 있다. 이런 사회적 환경을 변화시키지 않고서는 젊은 세대에게 취업에 대해 결코 쉽게 이야기해서는 안 된다.

6

노인, 민주시민으로서 어른 되기

6

노인, 민주시민으로서 어른 되기

국어사전에서 '어른'에 대해 찾아보면 "다 자란 사람, 또는 다 자라서 자기 일에 책임을 질 수 있는 사람"이라 정의하고 있다. 의미적으로는 나이 어린 사람에게 모범이 되고 세상을 내다볼 줄 아는 혜안 있는 사람으로, 어른이 된다는 것은 결코 쉽지 않다.

사람이 살아가는 데 필요한 교양과 지식을 쌓고, 자신의 직업을 통해 자아를 실현하며, 시민의식을 가지고 건강한 방식으로 삶을 살아가면서 어른의 일을 감당하는 사람이 바로 어른이다.

농경사회에서는 어른의 역할이 매우 중요하여 경로효친 사상 등을 통해 존경하였지만 산업화, 정보화, 인공지능의 자본주의 시대를 거치면서 이런 어른의 역할이 사라지고 우리 사회는 진정한 어른이 존재하지 않는 시대가 되어버렸다.

2023년 11월 우리 사회에서 진짜 어른의 의미가 무엇인지에 대해 일깨워 준 영화 한 편이 나왔다. 영화 <어른 김장하>이다.

그는 경남 진주에서 60여 년간 한약방을 운영하면서 수많은 사람에게 장학금과 후원금을 지원하였지만 자신을 알리지 않고 나타내지도 않는 무지상보시(無住相保施)를 실천하신 분으로 유명하다. 사학재단의 온갖 만행과 비리가 판을 치는 시대에 명신고등학교 건립 후 8년 만에 국가에 헌납하기도 했다.

자본이 힘이 되고 권력이 되고 최우선 가치가 된 세상에서 그는 "줬으면 그만이다"라면서 "똥은 쌓아두면 구린내가 나지만 흩어버리면 거름이 되어 꽃도 피우고

열매도 맺습니다. 돈도 이와 같아서 주변에 나누어야 사회에 꽃이 핍니다"라고 이야기한다.

자본주의 사회에서 자기 자신만을 위한 삶이 아닌 공동체를 생각하는 이타적인 삶을 살아가는 것이 결코 쉽지 않기에 이러한 삶을 사는 사람을 우리는 민주시민이라고 말할 수 있다.

돈과 성공과 출세만을 쫓는 무한경쟁 사회인 대한민국은 OECD 국가 중 자살률 1위, 산업재해 1위, 출산율 최하위국으로 전락한 지 오래되었다. 이에 반해 북유럽의 작은 나라 덴마크는 UN에서 조사하는 국민행복지수가 3위권 이내인 나라로 그 행복의 키워드를 자유, 안정, 평등, 신뢰, 이웃, 환경으로 추출할 수 있다. 덴마크도 처음부터 행복한 사회는 아니었다. 1864년 독일과의 전쟁에서 패하면서 국토의 1/3과 인구의 2/5를 잃으면서 모든 국민이 무기력과 절망 및 불신에 빠져 있었다. 이를 극복하기 위해 다양한 독서 모임과 참교육 인생 학교를 통해 깨어 있는 시민을 150여 년간 육성하면서 행복 사회에 대한 답을 찾아갔다.

이처럼 민주시민은 하루아침에 저절로 육성되는 것이 아니라 오랜 시간 교육을 통해 이루어진다. 그래서 고(故) 노무현 대통령은 "민주주의의 최후의 보루는 깨어 있는 시민의 조직된 힘이다"라고 했다.

독일은 1976년 보이텔스바흐라는 작은 도시에서 교육자, 정치가, 시민사회 단체들이 모여 논쟁 끝에 민주시민 교육에 대한 세 가지 원칙에 합의하였다. 이를 보이텔스바흐 교육원칙이라고 한다.

보이텔스바흐 교육원칙 첫 번째는 절대로 주입식 교육을 하지 않는다, 두 번째는 모든 문제를 쟁점으로 다룬다, 세 번째는 개개인이 자신의 정치적 견해를 갖도록 한다는 것이다.

이를 통해 시민 개개인으로서 자신 의견을 제시하고 남의 의견을 경청하면서 합의해 나가는 것을 배우는 것이다.

이에 반해 우리나라는 1968년 국민교육헌장이 선포되면서 국가의 일방적 주입식 교육이 이루어졌다.

국민교육헌장에 나타난 시민관은 자유로운 개인보다는 국가를 위한 공동체 일원으로 조국이 부르고 국가가 원한다면 개인은 조국 근대화와 부국강병을 위해 헌신을 해야 한다는 것이다.

이후 민주화 운동을 통해 국민교육헌장은 사라지고, 2015년 인성교육진흥법 제정으로 자신의 내면을 바르고 건전하게 가꾸고, 타인, 공동체, 자연과 더불어 살아가는 데 필요한 인간다운 성품과 역량을 기르는 인성교육이 민주시민교육을 대체하였다. 이후 2018년 교육부가 민주시민교육 활성화를 위한 종합계획을 발표하였다.

하지만 지금도 노인 세대 중 일부는 기억 속에 각인되어 있는 국민교육헌장을 자랑스럽게 여기며 올바른 민주주의에 대한 이해가 부족하다. 이로 인해 정치적 극우 단체의 이야기만 맹신하고 적극 동참하는 태극기 부대로 전락하고 있다.

민주주의는 인간의 권리와 자유를 존중하고, 국민의 의사를 반영하고 실현하는 사상으로 자유권과 사회권의 강조에 따라 자유민주주의, 사회민주주의, 인민민주주의로 나누어 볼 수 있다.

자유민주주의는 불평등의 원인을 개인의 책임으로 두고 선별적 지원이나 자선을 통해 해결하는 것이다.

사회민주주의는 불평등의 원인을 개인이 아닌 사회구조의 문제로 보고 보편적 사회정책을 통해 해결하는 것이다.

인민민주주의는 불평등의 원인이 자본주의 때문이므로 자본주의를 철폐하고 사회주의로 해결해야 한다는 것이다.

민주시민은 이런 다양한 민주주의에 대한 이해와 인정으로 시민 개인으로서는 한없이 자유롭고, 공동체 구성원으로서는 권리와 책임에 충실하여 자율적인 시민, 공공성을 갖춘 시민, 연대하는 시민이 되어야 한다.

이런 민주시민이 되기 위해서는 민주시민교육이 무엇보다 중요하고 필요하다.

민주시민교육은 민주적인 개인과 민주적인 공동체를 만드는 교육으로서 시민 개개인이 자신의 정체성을 갖는 주권자로서 실질적인 행사를 실천할 수 있는 시민과 공동체 공동의 일에 능동적으로 참여하여 사익이 아닌 공익의 이익을 실현하기 위해 적극 노력하는 시민을 양성하는 것이다.

2023년 우리나라 70대 이상 노인 인구는 632만 명으로, 620만 명인 20대 청년 인구를 처음으로 추월하였다. 또한 50대 이상의 장노년 세대와 20대 이상 40대 이하 청중년 세대로 나누어 보면 장노년이 전체 인구의 44.1%인 2,265만 명으로, 청중년 2,070만 명(40.3%)보다 더 많이 분포하고 있다.

이는 앞으로 우리 사회를 결정할 수 있는 키를 쥐고 있는 세대가 청중년이 아닌 장노년 세대라는 것을 증명하고 있다.

현재의 장노년 세대는 전쟁의 폐허 속에서 산업화를 일으켜 눈부신 경제 성장을 이룩하였으며, 정치적으로는 군부 독재에 맞서 항거하면서 절차적 민주주의를 쟁취하였다. 하지만 정경유착의 경제 성장과 사회적 양극화로 인해 발생한 사회적 약자에 대한 배려 부족 등의 사회적 문제와 갈등을 심화시켰다. 정치적으로는 대의적 민주주의의 폐단을 막기 위한 직접 민주주의, 참여 민주주의, 풀뿌리 민주주의 제도를 정착시키지 못했다.

장노년 세대는 시대적 환경 변화에 따른 사회적 발전을 이끌어 오면서 많은 노력과 고생을 담당한 것은 사실이다. 하지만 그 결과물을 공동체와 함께 나누어 모두가 다 행복한 사회를 만들어 가기보다는 일부 계층의 개인에게 집중되는 사회를 만들었기에, 지금의 청중년은 미래가 보장되지 않는 각자도생(各自圖生) 각자도사(各自倒死)의 힘든 사회를 살아가게 되었다. 장노년 세대는 이런 사회를 만든 장본인으로서 청중년에게 갚아야 할 사회적 빚이 있다.

저출산 초고령화된 미래사회는 청중년들이 자신이 원하는 사회를 직접 선택해서 살아갈 수 있도록 중노년의 정치적 선택이 중요한 만큼 민주시민으로서의 역할이 더욱 강조되고 있다.

지금 우리 사회의 노년 세대가 가지고 있는 권위주의는 반드시 무너져야 한다. 하지만 노년 세대가 가지고 있는 사회적 어른이라는 권위는 무너지면 안 된다. 노인은 모든 다른 세대들과 같은 동등한 시민이라는 의식을 가지고 깨어 있는 시민으로서 다양한 모범적인 활동으로 노인의 권위를 지켜야 할 것이다. 이것이 노년의 품격이다.

부록

복지시설, 지역사회 통합과 혁신의 공간으로!

부록
복지시설, 지역사회 통합과 혁신의 공간으로!

우리나라는 코로나19로 힘든 시기에도 불구하고 2020년 국내총생산(GDP) 1조 6,309억 달러로 세계 경제 10위 규모로 성장했음에도 불구하고, 대부분의 국민들은 모두 힘들다, 죽겠다는 아우성을 쏟아내는 등 국민의 삶은 위협을 받고 있다.

1, 5, 13, 37은 우리나라에서 하루에 사망하는 사람의 평균 숫자를 의미한다. '1'은 오늘 하루 타살로 인해 사망한 사람의 수, '5'는 오늘 하루 산업재해로 사망한 노동자의 수, '13'은 오늘 하루 교통사고로 사망한 사람의

수, '37'은 오늘 하루 자살로 생을 마감하는 사람의 수이다. 2022년 세계 행복지수 보고서에 의하면, 2019~2021년 3년간 평균 우리나라 행복지수는 146개국 중 59위에 머물렀으며, 대상을 OECD 38개 회원국으로 한정하면 최하위권이다.

모든 국민들의 행복한 삶을 보장하기 위한 보편적 복지가 절실함에도 불구하고, 우리나라의 사회복지예산 지출 비율을 보면 2019년 기준 국내총생산(GDP) 대비 공공사회복지 지출 비율은 OECD 국가 평균 20.0%의 절반이 조금 넘는 12.2%에 불과하다. 38개 OECD 회원국 중 35위로 매우 낮은 실정이다.

'따로국밥'처럼 운영되는 지역사회 복지시설

우리 사회는 복지에 투입하는 예산비율도 선진국에 비해 턱없이 적지만, 운영 또한 비효율적으로 이루어지고 있다. 우리나라 복지전달체계는 공공과 민간의 두 체계 중심으로 이루어지고 있다. 공공은 사회보장 및 공공부조 중심으로, 민간은 정부로부터 시설을 수탁받아 서비스 제공 중심으로 운영되고 있다. 복지예산 증액에 대한 사회적 신뢰를 높이기 위해서는 공공과 민간에서 예산을 효율적으로 사용하고 공간 활용도를 극대화하여 시민들에게 최상의 서비스를 제공하는 노력이 필요하다.

현재 지역사회에서 운영되는 주민들을 위한 대표적인 이용시설로는 사회복지관, 노인복지관, 장애인복지관, 경로당 등이 있다. 2020년 기준 사회복지관 475개, 노인복지관 398개, 장애인복지관 258개, 경로당 67,316개가 전국적으로 운영되고 있다. 또한 청년 창업 문제,

신중년 문제, 노인 일자리 문제 등의 사회문제가 발생할 때마다 이에 대응하기 위한 시설들도 꾸준히 새롭게 건립하고 있다. 이런 이용시설은 정부나 지방자치단체에서 건물을 신축하고, 민간에 위탁하여 보조금 지원을 통해 운영하지만 그 효율성에 한계가 드러나고 있다.

지역사회에 가장 많이 건립되어 있는 경로당은 소수의 초고령 노인들만의 쉼터로 운영되고 있는, 시대 변화에 부합하지 못하는 공간으로 전락했지만 지금도 지방자치단체에서는 지속적으로 건립하고 있다. 또한 기존 경로당 건물 노후화에 따른 리모델링 비용과 운영비 등은 매년 증가하고 있다.

지역복지 실천현장의 3대 기관인 사회복지관, 장애인복지관, 노인복지관 등의 위치와 규모 등의 문제도 있다. 사회복지관은 저소득 주민들만이, 장애인복지관은 장애인만이, 노인복지관은 노인만이 이용하는 시설로 지역주민들에게 인식되어 있다. 지역주민들이 이런 시설들을 함께 이용하면서 소통과 이해를 통해 지역 공동체를 만들어 가는 전초기지로서의 공공재 공간으로 역할을 하지 못하고 있는 것이다.

이런 이용시설은 당초 위치 선정과 설계에서부터 지역주민을 위한 공간에 대한 배려와 고민 없이 건축되다 보니 지역주민 모두의 공간이 아닌 일부 특정 대상만의 공간이 되고 있다. 또한 건물을 수탁받아 운영하는 비영리법인이나 단체 등에서도 이용시설 공간은 공공재임에도 불구하고 현실적인 문제(인력, 비용, 관리 등)로 인해 지역주민을 위한 공간으로 개방하지 못하고 주중(월~금) 일과시간(9:00~18:00)에만 운영하는 한계를 가지고 있다.

지난 정부에서 커뮤니티케어가 사회복지의 화두로 등장했다. 급속한 저출산·노령화 사회를 대비해 지역사회를 중심으로 사회복지체계를 재구성해 보자는 취지이지만, 여전히 지역사회를 중심으로 한 통합 돌봄은 갈 길이 멀다. 복지기관은 연대와 통합의 모색 없이 각 기관을 중심으로 따로국밥의 모습을 보이고 있어 열악한 재정뿐만 아니라 효율적인 운영 또한 문제시되고 있다.

지역복지기관, 지역사회 통합과 혁신을 위한 기관으로 거듭나야

지역사회에 위치한 이용시설은 단순한 하나의 건물이 아니라 공간과 공간이 이어져 사람과 사람이 자연스럽게 만나 서로를 이해하고 공감하고 통합될 수 있는 지역공동체를 만들어 가는 중요한 역할을 하는 곳이어야 한다. 이용시설과 공간에 대한 새로운 모색과 혁신이 없으면 지역사회 내 고립된 섬으로 복지 재원 및 서비스 효율성이 아주 낮은 시설로 존재할 수밖에 없다.

이용시설을 지역공동체 공간으로 혁신하기 위해서는 스웨덴, 핀란드 등의 북유럽 복지국가의 사례를 통해 배울 필요가 있다. 먼저 주택단지의 경우 우리나라는 청년주택, 노인주택, 임대주택 등이 모두 따로 조성되어 세대 간, 계층 간 단절되어 있다. 하지만 핀란드 헬싱키의 제너레이션 블록 주택단지는 민간주택, 임대주택, 대학생 숙소가 함께 어우러져서 다양한 연령대와 계층이 자연스럽게 만날 수 있도록 디자인되어 있으며, 1층의 공유 공간을 함께 이용하면서 서로에 대한 소통과 이해로 건전한 공동체를 만들어 가고 있다(『KBS명견만리』 '명견만리 모두를 위한 공존의 시대를 말하다', 2019).

도서관의 경우도 우리나라 공공도서관은 2021년 기준 1,208개가 운영되고 있다. 최근 개관한 도서관들은 기존 고유 업무인 도서 대출과 공부하는 곳이라는 기존의 도서관 개념을 탈피하고 있지만, 북유럽 도서관의 규모와 위치, 프로그램 등과 비교해 보면 아직도 한계를 가지고 있다.

북유럽은 도서관의 나라로 불릴 만큼 인구 대비 많은 공공도서관(2014년 기준. 스웨덴 980만 인구 대비 공공도서관 1,200개, 핀란드 520만 인구 대비 공공도서관 756개)이 운영되고 있고, 위치적으로도 주민들이 가장 많이 왕래하는 대중교통 요충지나 쇼핑센터에 위치해 있다. 접근성이 좋기에 많은 시민들이 이용한다.

북유럽의 도서관은 단순히 책을 빌려주고 공부하는 공간이 아니라 사람과 사람이 만나는 장소로의 역할을 할 수 있도록 공간이 설계되어 있다. 그래서 세대와 세대가 만나고 이웃과 이웃이 만날 수 있는 공간부터 무언가를 만들 수 있는 메이커스페이스 공간, 음악을 듣고 연주할 수 있는 공간, 게임을 할 수 있는 공간, 마음껏 뛰어놀 수 있는 실내놀이터 공간 등으로 이용되고 있다(윤송현, 모든 것은 도서관에서 시작되었다, 학교도서관저널. 2022).

북유럽의 사례에서 보듯이, 시설 공간을 인식하는 철학에 따라 공간의 위치와 구조, 형식은 큰 차이를 가진다. 우리 사회는 복지에 대한 양적 확대뿐만 아니라, 질적인 시선의 전환과 새로운 혁신이 곳곳에서 일어나야 한다.

우리나라는 저부담·저복지의 악순환이 계속되고 있다. 복지확대를 통해 더 많은 복지 인프라가 제대로 갖추어져야 한다. 하지만 우리는 기본적인 복지권 요구에도 '복지 포퓰리즘', '복지망국론' 프레임이 있는 만큼 현재 있는 지역사회 복지시설 공간만이라도 리모델링을 통해 혁신하고, 신규 공간은 보다 거시적이고 창의적인 발상의 전환이 필요하다. 발상의 전환과 혁신적인 접근을 통해 고비용의 단독 건물 신축이 아니라 쇼핑센터나 주상복합공간임대 등을 통해 지역주민 모두가 함께 어울릴 수 있는 지역공동체 공간으로 거듭날 수 있도록 하는 노력이 필요하다.

사회적 신뢰가 부족한 한국 사회에서 복지국가로 가는 길은 쉽지 않다. 창의적이고 효율적인 운영을 통해 시민들이 쉽게 참여할 수 있는 방안을 모색하고, 참여를 통해 복지와 복지국가에 대한 신뢰를 만들어 가야 한다. 전국 곳곳에서 복지관을 운영하고 복지사업을 진행하는 기관과 사회복지인들이 지역사회를 중심으로 다양한 혁신모델을 만들고, 소통과 협력을 통해 지역사회의 신뢰를 높이는 일을 제안해 본다. 공자가 말했던 것처럼, '신뢰'가 없이는 한 발자국도 앞으로 나갈 수 없다.

/ 에필로그 /

대한민국이 세계에서 가장 빠르게 고령화사회(2000년)에서 초고령사회(2025년)로 도래하는 시기에 나는 노인복지현장에서 23년 동안 근무했다.

경제 성장으로 생활 수준 향상 및 의료 수준 발전 등으로 평균 수명이 증가하면서 노년기가 많이 연장된 만큼 노인장기요양보험제도, 노인학대예방사업, 독거노인지원사업, 노인일자리사업 등 다양한 노인 정책을 실천하면서 많은 노인을 만났다.

2000년 초반에 만난 대부분 노인은 노후생활에 대한 준비가 제대로 되지 않아 경제적 빈곤, 건강 불균형, 여가생활의 어려움 등 다양한 문제를 겪으면서 당황스럽고 힘든 생활을 하였다. 그러나 초고령사회 진입 직전에 있는 2024년을 살아가고 있는 지금은 노인뿐만 아니라 중장년까지 당당하고 행복한 노후생활을 위해 많은 준비와 노력을 하고 있다.

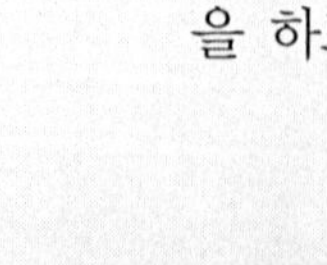

인생은 마라톤과 같다는 말이 있다. 사람은 각자의 속도와 호흡으로 인생이라는 길고 긴 레이스를 달려가고 있다.

마라톤을 뛰다 보면 정말 힘들어 포기하고 싶어지는 구간이 나타난다. 미국 보스턴 마라톤 코스에는 32km쯤 하트브레이크 힐(Heartbreak Hill)이라는 구간이 있다. 말 그대로 심장파열 언덕으로 심장이 터질 것 같은 고통을 느낀다고 해서 붙여진 이름이라고 한다.

인생 주기를 마라톤 코스 42.195km로 본다면 이 32km 구간이 노년기에 해당한다.

우리는 이 하트브레이크 힐(Heartbreak Hill) 구간에 다다르기 전에도 순간순간 고비를 맞이하는 구간은 존재하지만 충분한 체력과 굳은 의지로 돌파한다. 하지만 체력과 의지가 고갈되어 가고 있는 상태에서 맞이하는 마의 구간인 노년기는 다르다.

노년기는 인생의 마지막 단계인 만큼 마라톤의 피니시 라인(finish-line)을 앞둔 구간처럼 마지막 남은 열정을 태워 아드레날린과 도파민을 분출하여 미생(未生)이 아닌 완생(完生)을 꿈꾸어야 한다.

이 책은 초고령사회에서 존중받고 행복한 완생(完生)으로 살아갈 수 있는 노인의 품격에 대해 그동안 많은 노인을 만나면서 느껴왔던 내용을 정리한 것이다.

대한민국은 초스피드로 초고령사회를 맞이한 만큼 우리 사회 노인의 빈곤, 외로움, 차별, 건강, 사랑, 죽음에 대해 현장에서 만난 노인의 이야기와 필요한 대안을 조심스럽게 꺼내 보았다.

그리고 앞으로 노인 세대로 진입하는 예비 세대는 기존의 노인 세대와 확연히 다른 환경과 성장 과정을 겪은 만큼 보호와 돌봄의 대상이 아닌 진정한 우리 사회 어른으로 당당하게 살아가기 위한 이야기이다.

책 속의 내용과 깊이가 다소 부족할 수도 있겠지만 현장에서 근무하면서 경험한 내용과 고민들을 나름 최선을 다해 작성한 만큼 지적과 비판보다는 이해와 동의를 바라는 마음이 있다.

마지막으로 이 책이 출판되어 여러분들과 만날 수 있도록 도움을 주신 분들에게 고마움을 전하고 싶다.

내가 사회복지사로 살아갈 수 있도록 인도해 주신 하나님께 감사드리며, 젊은 시절 바쁜 사회생활로 매일 늦게 귀가하여 가정에 소홀하였지만, 여전히 남편과 아버지로 존중해 주는 부인 김상영 님과 장녀 예은이, 막내 하은이 고맙고 사랑한다.

또 언제나 올바른 사회복지의 길을 함께 가고자 늘 응원해 주고 지지해 주는 나의 사회복지 동지와 고독하고 우울한 중년을 함께 수다로 이겨내고 있는 초등, 고등, 대학 친구들에게 고마움을 전하며, 특히 출판하는 데 결정적인 역할을 해 주신 유동철 교수님과 공동체 출판사 김동훈 대표님, 김진경 부장님, 김민지 팀장님에게 감사드린다.

마지막으로 하늘나라에서 아주 기쁘게 보고 있을 아버지, 어머니, 막내 누님과 아직도 하나뿐인 남동생을 챙겨주는 누님과 자형들에게도 감사드린다.

2024년 7월

이동훈

참고문헌

「아름다운 노년」 지미 카터 지음 김은령 옮김, 생각의 나무.
「시민주권과 민주시민교육」 진시원・홍익표・오승호, 부산대학교출판문화원.
「우리도 행복할 수 있을까」 오연호, 오마이북.
「각자도사 사회」 송병기, 어크로스.
「나는 죽음을 돌보는 사람입니다」 강봉희, SIDEWAYS.
「에이징 솔로」 김희경, 동아시아.
「돌봄이 돌보는 세계」 조한진희×다른몸들, 동아시아.
「공동체의 감수성」 구현주, 북인더갭.
「시니어 비즈니스」 무라타 히로유키 지음 이완정 옮김, 넥서스북스.
「선배시민」 유범상・유해숙, 마북.
「민주주의자들의 교실」 인천광역시교육청 학교민주시민교육 교사아카데미, 마북.
「우리는 선배시민의 길을 만든다」 유범상・중원노인종합복지관 사회복지사들, 마북.
「죽음을 배우는 시간」 김현아, 창비.
「나는 결코 어머니가 없었다」 하재영, ㈜휴머니스트출판그룹.
「일방통행로」 발터 벤야민 지음 조형준 번역, 새물결.
「임계장 이야기」 조정진, 후마니타스.
「시민이 주도하는 지역순환경제」 양준호 외, 한울아카데미.
「대안으로서의 지역순환경제」 양준회 외, 로컬퍼스트.
2023년 부산광역시 마을건강센터 사업 운영 매뉴얼.

blog.hanabank.com/1629https://www.lgbr.co.kr/uploadFiles/ko/pdf/busi/LGBR_Report_20231115_20230015130005609.pdf
contents.newsjel.ly/issue/9/
www.contents2.kocw.or.kr/kocw/document/2017/chungbuk/leehyunjeong/5.pdfthink−sis.co.kr/22
www.hidoc.co.kr/healthstory/news/cooooo15606
health.chosun.com/site/data/html_dir/2021/10/14/2021101401379.html
www.chosun.com/national/welfare−medical/2022/07/27/VU2OUG2SQNATBBJYUYAI6SIOBI
www.nocutnews.co.kr/news/6064548
www.economy21.co.kr

저/자/약/력

이동훈(grutgy@hanmail.net)
대구대학교 사회복지학과 졸업(학사)
경성대학교 사회복지대학원 졸업(석사)
사회복지 근무 경력 28년(관장 경력 11년)
현 Good Power 대표

〈주요 논문 및 저서〉
노인의 죽음 불안도에 영향을 미치는 요인 분석
부산광역시 마을건강센터 사업 운영 매뉴얼(공동집필)

〈사회 활동〉
전 부산 사회복지연대 집행위원장
부산사회복지공동모금회 배분평가지원단장
부산광역시 지방보조금심의위원회 분과위원
국민건강보험공단 부산중부지사 등급판정위원
부산민주항쟁기념사업회 이사
부산주민운동교육원 감사
부신시 주민자치교육 강사
부산지속가능발전협의회 사회복지분과위원장
현 부산협치시민네트워크 공동운영위원장
부산참여연대 지방자치본부 위원
부산건강도시지원단 위원
(사)시민정책공방 감사

〈수상 내역〉
보건복지부 장관상 2회 수상
부산시장상, 부산사회복지협의회상 수상
세정 사회복지대상 수상

초고령사회
노년의 품격

|저자| 이동훈

|1판 1쇄| 발행 2024년 7월 15일
|1판 2쇄| 발행 2024년 8월 5일
|1판 3쇄| 발행 2024년 8월 30일

|발행인| 김동훈
|발행처| 공동체

|주소| 경기도 고양시 일산동구 호수로 358-39, 동문타워 I 905호(백석동)
|전화| 031) 814-3000(대표)
|팩스| 031) 814-3100
|홈페이지| http://www.compub.co.kr
|전자우편| compub@naver.com
|출판등록| 2005년 10월 6일
|등록번호| 제396-2005-36호

|ISBN| 979-11-6725-748-2
정가 16,000원